全球治理的中国方案

国际发展援助 的 中国方案

王泺 等◎著

五洲传播出版社

图书在版编目（CIP）数据

国际发展援助的中国方案 / 王泺等著 . -- 北京 : 五
洲传播出版社 , 2019.3
（全球治理的中国方案）
ISBN 978-7-5085-4134-1

Ⅰ . ①国… Ⅱ . ①王… Ⅲ . ①对外援助 – 研究 – 中国
Ⅳ . ① D812

中国版本图书馆 CIP 数据核字（2019）第 044878 号

◈ **"全球治理的中国方案"丛书**

出 版 人：荆孝敏

国际发展援助的中国方案

著　　者：王　泺 等
责任编辑：苏　谦
助理编辑：秦慧敏
装帧设计：澜天文化

出版发行：五洲传播出版社
地　　址：北京市海淀区北三环中路 31 号生产力大楼 B 座 7 层
邮　　编：100088
发行电话：010-82005927，82007837
网　　址：http://www.cicc.org.cn http://www.thatsbooks.com
承 印 者：中煤（北京）印务有限公司
版　　次：2019 年 7 月第 1 版第 1 次印刷
开　　本：787mm × 1092mm 1/16
印　　张：16
字　　数：200 千字
定　　价：68.00 元

前言

前言

中国对外援助始于 20 世纪 50 年代，基本定位始终依托于中国对外战略的总体谋划，有其自身发展逻辑和历史必然性，维护国家利益和发扬国际主义精神是并行的两条主线。中国对外援助一贯坚持平等相待、相互尊重的原则，绝不把提供援助作为干涉他国内政、谋求政治特权的手段。这是建立国家间战略互信的基石，也是中国对外援助树立大国道义形象的核心内涵。

60 多年来，中国向 166 个国家和国际组织提供了近 4000 亿元人民币援助，派遣了 60 多万援助人员，其中 700 多名援助工作者献出了宝贵生命。中国援建的 2000 多个项目，遍布世界五大洲 120 多个国家。中国对外援助涉及基础设施、减贫、农业、卫生、教育、环境、人道主义等诸多领域，广泛回应了发展中国家的发展诉求。无论是新中国成立以来前 30 年大力支援亚非拉国家民族解放和经济独立，还是改革开放后 40 年帮助发展中国家推动经济社会建设，中国对外援助"独立、平等、谦虚、务实"的性格始终鲜明，在国际发展援助领域走出了一条具有中国特色的对外援助道路。

现阶段，世界正处于大发展大变革大调整时期，全球治理体系加速演变，各国相互联系和依存日益加深，南北贫富差距持续扩大，气候变化、粮食危机、流行性疾病等全球性问题给发展中国家带来新挑战，发展议题备受国际社会关注。世界各国普遍赞赏中国取得的巨大成就，特别是广大发展中国家倚重中国发展带来的新机遇，进而对中国援助提出了更高、更多要求。中国的综合国力不断提高，有能力通过加大对外援助投入，将国内鲜活有效的发展经验转换成"中国方案"，在优势领域增加国际公共产品供给，帮助其他发展中国家改善民生，推进能力建设，实现2030年可持续发展目标。

基于对世界发展大势的准确把握和对人类前途命运的深刻思考，中国国家主席习近平提出了打造人类命运共同体的重要理念，表达了中国坚持和平发展、合作共赢，与世界各国携手推动时代不断前行的真诚愿望和大国担当。人类命运共同体理念的提出为中国对外援助指明了现实的、具体的发展路径。

中国将继续坚持走中国特色的对外援助道路，帮助广大发展中国家找到适合本国禀赋特点的发展道路和模式，通过发展来解决问题。中国将继续坚持对外援助南南合作的基本属性，明确共同但有区别的责任，让发展成果惠及各方。中国将积极创新思维方式，更加关注对外援助软硬结合，促进发展理念、合作思路的相互交流。中国将依托自身比较优势，聚焦重点，在治国理政、基础设施、经济发展、医疗卫生、民生减贫、生态环境、人道主义、文化教育等领域对症下药，为解决发展问题贡献更多"中国智慧"。

当前，中国正大踏步迈向世界舞台中央，对外援助"助发展、交朋友、促合作"的作用愈发凸显。在新的历史时期，中国对外援助将准确把握自身在国际发展援助格局中的合作竞争新优势，秉承义利相兼、以义为先的正确义利观，围绕"一带一路"建设和促进实现2030年可持续发展目标，积极作为，分享传播自身发展的宝贵经验，为更多发展中国家提供发展助力，坚持开放包容，构建遍布全球的"发展合作伙伴关系网络"，彰显大国责任担当，将"中国梦"与人类共同发展进步的"世界梦"全面对接，推动形成以共商、共建、共享为核心的新型全球治理体系，为构建人类命运共同体作出重要贡献。

本书是"全球治理的中国方案"系列丛书的分册之一，由国家高端智库商务部国际贸易经济合作研究院国际发展合作研究所的研究人员合作编写，其中，前言、第二章由王泺负责，第一章、第三章由刘娴负责，第四章、第十一章由范伊伊负责，第五章由陈小宁负责，第六章由宋微负责，第七章由王忱负责，第八章由袁晓慧负责，第九章由毛小菁和孙天舒负责，第十章由姚帅负责，王泺负责全书统稿。在本书编写过程中，得到中共中央宣传部、中共中央对外联络部、商务部、国际发展合作署等相关部委的指导和支持，同时也借鉴吸收了与发展援助相关领域专家学者、从业人士的真知灼见，在此一并表示衷心感谢。

第一章
中国对外援助的传承发展

　　新中国成立以来，中国的对外援助事业历经数十载传承，适应国内国际形势风云变幻，与时俱进，不断完善理念、调整实践，取得了长足的发展，铸就了不平凡的成就。回顾近70年光辉岁月，中国对外援助的发展可分为以下几个阶段：从1950年至1978年为初期发展阶段，从改革开放至20世纪末为调整发展阶段，从21世纪起至今为发展新阶段。

第一节
初期发展阶段（1950—1978 年）

　　新中国的对外援助始于 20 世纪 50 年代初期。中国推翻"三座大山"、取得新民主主义革命的伟大胜利以后，坚持履行无产阶级国际主义义务，把对外提供经济技术援助作为对外工作的重要部分。毛泽东指出："因为中国是一个具有 960 万平方公里土地和 6 亿人口的国家，中国应当对于人类有较大的贡献"，"已经获得革命胜利的人民，应该援助正在争取解放的人民的斗争，这是我们的国际主义义务。"① 本着这种国际主义精神，中国克服自身重重困难，向处于战争中的朝鲜和越南无偿提供物资援助，竭尽全力支持其争取民族独立、恢复和发展民族经济。1955 年 4 月亚非万隆会议召开后，随着对外关系的发展，中国对外援助的范围逐步从周边社会主义国家扩大到亚洲、非洲地区的民族主义国家，通过无偿援助和无息贷款等帮助它们建设工业生产型项目和社会基础设施项目、提供物资和少量现汇援助、进行技术合作以及派出援外医疗队，支持它们走上自力更生发展民族经济的道路。

---

① 　石林：《当代中国的对外经济合作》，北京：中国社会科学出版，1989 年。

由中国援建的坦赞铁路是一条贯通东非和中南非的交通大干线，全长 1860 公里，于 1970 年动工修建，1976 年竣工。

　　在总结对外援助实践经验的基础上，1964 年，中国政府宣布对外经济技术援助"八项原则"①，彰显了中国在对外援助中秉持的尊重主权、平等相待的无私国际主义精神，获得了亚非国家和人民的普遍赞誉。"八项原则"奠定了中国对外经济技术援助工作的政策基调②，指导着中国对外援助事业的发展。

　　1971 年 10 月，在广大发展中国家的支持下，中国恢复了在联合国的合法席位。随着国际舞台的扩大和国际交往的拓宽，中国同更多的发

---

① 中国对外援助"八项原则"的基本精神是：平等互利；尊重受援国主权，绝不附带任何条件，绝不要求任何特权；中国以无息或低息贷款方式提供援助；帮助受援国走自力更生、经济上独立发展的道路；力求投资少、收效快；提供中国最好的设备和物资；帮助受援国掌握技术；专家待遇一律平等。

② 徐小红：《中国对外经济援助：历程、特色与反思》，《国际援助》2014 年第 11 期。

由中国于 20 世纪六七十年代援建的喀喇昆仑公路，北起中国新疆喀什，南到巴基斯坦北部城市塔科特，全长 1032 公里，是世界上海拔最高的国际公路。

展中国家建立了经济技术合作关系，对外援助的规模和范围进一步扩大。20 世纪 70 年代，中国在自身经济并不富裕、人民生活水平不高的条件下，无私援建了坦赞铁路等一批重大基础设施项目，充分彰显了中国与第三世界国家在反殖反帝、争取民族解放和发展振兴道路上相互支持、真诚合作的兄弟情谊。

第二节
调整发展阶段（1979—1999 年）

1978 年中共十一届三中全会以后，中国开始实行改革开放，将经济建设作为国家发展的首要任务。新的历史时期下，中国在坚持对外援助"八项原则"的基础上，根据国情适度调整了对外援助的规模和结构，并于 1983 年初提出了"平等互利，讲求实效，形式多样，共同发展"的四项原则[①]，作为中国与第三世界进行经济和技术合作的新的指导方针。根据这一方针，中国同其他发展中国家的经济合作由过去单纯提供援助发展为形式多样的互利合作，更加注重援助项目的经济效益和长远效果，以促进中国和受援国的共同发展。中国同部分受援国开展了代管经营、租赁经营和合资经营等不同形式的合

[①] 四项原则的具体内容是：（1）中国同非洲国家进行经济技术合作，遵循团结友好、平等互利的原则，尊重对方的主权，不干涉对方的内政，不附带任何政治条件，不要求任何特权；（2）中国同非洲国家进行经济技术合作，从双方的实际需要和可能条件出发，发挥各自的长处和潜力，力求投资少、工期短、收效快，并能取得良好的经济效益；（3）中国同非洲国家进行经济技术合作，方式可以多种多样、因地制宜，包括提供技术服务、培训技术和管理人员、进行科学技术交流、承建工程、合作生产、合资经营等；（4）中国同非洲国家进行经济技术合作，目的在于取长补短、互相帮助，增强双方自力更生的能力，促进各自民族经济的发展。

作^①，有效提高了受援国经营管理能力和生产水平，进一步巩固了已建成生产性援助项目的成果。这一阶段，中国对外援助更加契合自身国情和受援国的实际需求，为中国与发展中国家在互利互惠的原则基础上开展的经济技术合作注入了新的活力，受到广大发展中国家的普遍赞同。

20 世纪 90 年代，中国加快从计划经济体制向社会主义市场经济体制转变，不少受援国也在实行以经济自由化和企业私有化为核心的经济结构调整。新形势下，中国对外援助继续改革创新，探索寻求援助形式和资金来源的多元化。1993 年，中国利用发展中国家已偿还的部分无息贷款资金设立了援外合资合作项目基金，用于支持中国企

1983 年 10 月，中国援建的孟加拉国桑德尔邦棉纺织厂竣工，有力带动了孟加拉国纺织工业的发展。

---

① 国务院新闻办公室：《中国的对外援助（2011）》白皮书，北京：人民出版社，2011 年。

业与受援国企业在生产和经营领域开展中小型合资合作项目，帮助受援国发展经济，增加受援国收入和就业，推动中国与受援国共赢发展。1995 年，中国开始通过中国进出口银行向发展中国家提供具有政府援助性质的中长期低息优惠贷款[①]，用于支持有偿还能力的发展中国家建设具有经济效益的基础设施项目或提供设备、技术和其他物资等。优惠贷款将政府援外资金和银行资金相结合，显著扩大了对外援助规模，提高了援外资金的使用效益，积极回应了发展中国家对于发展的迫切需求。与此同时，中国加大了无偿援助资金的规模，为受援国援建了一批会议中心、体育场馆、医院、学校等地标式的成套项目。这些实实在在的"交钥匙工程"广泛惠及当地民众，在当地政治、经济、文化生活中发挥了不可或缺的重要作用。此外，中国更加重视支持受援国能力建设，在积极参与联合国有关组织旨在促进发展中国家政府间的技术合作项目[②]外，开始邀请受援国政府官员来华参加短期研修，交流国家经济建设经验和发展政策，有力地推动了南南合作。

[①] 其优惠利率与银行基准利率之间的利息差额由国家援外费用补贴。

[②] 从 1981 年起，中国与联合国开发计划署合作，在华实施发展中国家间技术合作（TCDC）项目，为其他发展中国家培训技术人员。从 1996 年起，中国与联合国粮农组织合作，向其他发展中国家派遣中国农业专家。

第三节
稳步发展阶段（2000 年至今）

　　进入新世纪，世界形势与国际关系发生深刻变化。中国更加珍视与发展中国家的传统友好关系，进一步增强政治互信、深化经贸合作、促进文化包容，为维护全球和平、促进共同发展贡献力量。在全球区域间合作机制兴起的背景下，根据部分非洲国家的建议，在中非双方共同努力下，2000 年中非合作论坛正式成立，成为新形势下中国与非洲国家开展集体对话的重要平台和务实合作的有效机制，得到了非洲国家的热烈响应和广泛支持。中非合作论坛成为引领中非合作的一面旗帜，并为南南合作树立了典范。此后，上海合作组织、中国—葡语国家经贸合作论坛（澳门）、中国—阿拉伯国家合作论坛、中国—加勒比经贸合作论坛、中国—太平洋岛国经济发展合作论坛等一个又一个发展中地区对话与合作平台成立，为中国与广大发展中国家对接发展诉求、共谋发展大计构建了广泛的机制框架。在这些论坛框架下，中方创造性地提出了援助 30 所医院、建立 10 个农业技术示范中心、派遣 100 名高级农业技术专家等一系列一揽子援助举措，赋予对发展中国家援助更强的规划性和针对性，合作内容日益拓展、合作层次日臻提升。

这一阶段，随着中国国内经济持续增长、综合国力不断增强，与广大发展中国家的合作规模不断扩大，2004—2009 年援助规模平均年增长率为 29.4%[①]；援助范围不断拓展，遍布亚洲、非洲、拉丁美洲、大洋洲和东欧等地区的 161 个国家和 30 多个国际和区域性多边组织；援助方式不断创新，通过提供紧急人道主义援助、减免最不发达国家和重债穷国到期未还的无息贷款债务、对最不发达国家部分输华产品给予零关税待遇、派遣青年志愿者到发展中国家提供服务、接受发展中国家官员来华接受援外学历学位教育等方式，支持发展中国家实现经济社会的可持续发展，全方位合作成果丰硕、效果良好。此外，中国还在联合国发展筹资高级别会议、联合国千年发展目标高级别会议上多次宣布一揽子对外援助政策措施，加强对发展中国家农业、基础设施、教育、医疗卫生、人力资源开发、清洁能源等领域的援助力度，积极推动实现联合国千年发展目标。

中共十八大以来，以习近平同志为核心的党中央提出"一带一路"倡议和构建人类命运共同体理念，中国对外援助承载着更加光荣而重大的历史使命和战略任务。中国继续坚持正确义利观，秉承亲诚惠容的周边外交理念和真实亲诚的对非理念，巩固传统友好，深化互利合作，开创了对外援助的新时代。在联合国成立 70 周年系列峰会、巴黎气候变化大会、中非合作论坛约翰内斯堡峰会、G20 杭州峰会等重大国际场合，

---

① 国务院新闻办公室：《中国的对外援助（2011）》白皮书，北京：人民出版社，2011 年。

2003 年，中国为埃及援建的远程教育项目第一期工程覆盖埃及全国。2006-2007 年，中国援建该项目第二期工程，进一步扩大了远程教学覆盖范围，使教学点从 33 个增加到 143 个。

习近平主席相继提出了"8 个 100"项目①、中非"十大合作计划"②、设立南南合作援助基金等一系列重大务实援助举措，为促进南南合作、推动全球治理体系变革贡献了中国智慧和中国方案。在习近平新时代中国特色社会主义思想的指导下，2013 年以来，中国为发展中国家援建农业、工业、交通运输、能源电力、信息通信等领域重大基础设施项目 300 余个；在农业、教育、卫生、减贫等领域实施民生援助项目 2000 余个，包括医院、学校、打井供水项目、乡村减贫合作示范项目等；为亚

① 2015 年后的 5 年间，中国将向发展中国家提供 100 个减贫项目、100 个农业合作项目、100 个促贸援助项目、100 个生态保护和应对气候变化项目、100 所医院和诊所、100 所学校和职业培训中心、100 个"妇幼健康工程"、100 个"快乐校园工程"。

② "十大合作计划"分别是中非工业化合作计划、中非农业现代化合作计划、中非基础设施合作计划、中非金融合作计划、中非绿色发展合作计划、中非贸易和投资便利化合作计划、中非减贫惠民合作计划、中非公共卫生合作计划、中非人文合作计划、中非和平与安全合作计划。

中国援建的非洲联盟会议中心被誉为中非传统友谊和新时期合作的里程碑。

非发展中国家实施近万例"光明行"白内障复明手术；在华举办培训班5000余期，派出各类管理人员和技术专家共3万人次，派出青年志愿者近300人次，累计为受援国培养近40万名各类人才，涵盖工业、农业、商贸、教育、医疗、环境保护、减贫等多个领域；向70余个国家和国际组织提供了177批次紧急人道主义援助；通过南南合作援助基金与联合国等多边国际组织开展各类援助项目合作，用于应对非洲粮食危机、难民问题等全球性挑战，增进其他发展中国家民生福祉，共同推动落实2030年可持续发展议程。[1]

从公路到铁路，从机场到港口，从基础设施到民生建设，从智力支

---

[1] 《积极开展对外援助 推动构建人类命运共同体——党的十八大以来商务部援外工作成就综述》，商务部网站2017年10月11日，http://www.mofcom.gov.cn/article/zt_dlfj19/fbdt/201709/20170902653779.shtml。

持到人道主义救援，中国的对外援助跨四海、遍五洲，助力发展中国家破解基础设施落后、资金匮乏、人才短缺等发展瓶颈，帮助实现自主发展和可持续发展，改善民生福祉，打造互联互通，推动"一带一路"沿线国家实现发展战略相互对接、优势互补，为全球包容、平衡、可持续增长提供持续强大的推动力，向世界展示着中国致力于促进人类共同发展的大国责任与历史担当。

第二章
新时代中国对外援助的环境条件

　　经过 60 多年的历史实践，中国对外援助从 20 世纪 50 年代初期的支持亚非拉民族国家发展，到改革开放年代的促进互利合作，再到 21 世纪以来的承担国际责任，逐渐摸索出一条具有中国特色的发展合作道路。当前，世界正处于大发展大变革大调整时期，各国相互联系和依存日益加深，全球治理体系和国际秩序变革加速推进，国际力量对比更趋平衡。由于经济增长动能不足，全球贫富分化日益严重，地区热点问题此起彼伏，粮食安全、恐怖主义、重大传染性疾病、气候变化等非传统安全威胁持续蔓延，发展中国家实现可持续发展的任务依然艰巨。面对和平赤字、治理赤字、发展赤字，中国对外援助要顺应国内外发展大势，坚持正确义利观，勇于开拓创新，积极贡献"中国理念"与"中国方案"，与其他国家携手应对重大挑战，共同构建人类命运共同体。

第一节
新责任：构建人类命运共同体

中共十八大以来，习近平主席提出构建人类命运共同体的重要理念，这是中国对世界发展大势的准确把握和对人类前途命运的深刻思考，表达了中国坚持和平发展、合作共赢，与世界各国携手推动时代不断前行的真诚愿望和大国担当。人类命运共同体理念的提出，为中国对外援助指明了现实的、具体的发展路径。中国要在纷繁复杂的国际关系中，通过对外援助，承担国际责任、应对风险挑战、做大共同利益，拉紧与广大发展中国家的政治经济关系纽带，为促进文明交流互鉴、维护普遍安全、重塑公正和谐的国际秩序体系贡献"中国方案"。

一、密切政治交往，秉承相互尊重、平等相待

对外援助的重要目标之一就是密切国家交往、强化友好关系。一直以来，中国对外援助方针与外交政策相辅相成，是爱国主义和国际主义的紧密结合，也是中国特色社会主义制度和基本价值观的对外体现。从老一辈革命家制定的对外援助"八项原则"到习近平总书记提出的"真

实亲诚"和"亲诚惠容"，一以贯之的是与受援国真诚平等相待。构建人类命运共同体的理念为中国对外援助继续坚持不干涉别国内政、尊重对方主权、不将本国意志强加于人的原则赋予了新的时代内涵。中国要在充分把握各国国情国力和发展阶段特征基础上，尊重各国自主选择的社会制度和发展道路，尽可能满足受援国最急迫的发展需求，同时不施加任何政治压力和发展负担，积极建设具有包容性和建设性的平等伙伴关系。[1]

二、促进经济合作，强调正确义利观、共同发展

将促进经济合作作为对外援助的重要切入点，是中国基于自身比较优势作出的理性选择。中国以"合作者"身份，通过援助推广知识、转

2015 年 9 月 26 日，中国国家主席习近平在纽约联合国总部主持由中国和联合国共同举办的南南合作圆桌会，同广大发展中国家领导人和国际组织负责人总结南南合作经验，共商合作发展大计。

---

[1] 王毅：《携手打造人类命运共同体》，《人民日报》2016 年 5 月 31 日，第 7 版。

让技术、带动贸易投资，与受援国相互取长补短，促进双方经济社会的可持续发展。当前世界经济处于深度调整中，经济不景气导致很多发展中国家难题丛生。人类命运共同体首先是利益共同体。作为世界第二大经济体、最大的发展中国家，中国主张在对外援助中贯彻正确义利观，对长期对华友好而自身发展任务艰巨的发展中国家，要更多考虑对方利益。正如习近平总书记对义利观的阐述："义，反映的是我们的一个理念，共产党人、社会主义国家的理念。这个世界上的一部分人过得很好，一部分人过得很不好，不是个好现象。真正的快乐幸福是大家共同快乐、共同幸福。我们希望全世界共同发展，特别是希望广大发展中国家加快发展。利，就是要恪守互利共赢原则，不搞我赢你输，要实现双赢。我们有义务对贫穷国家给予力所能及的帮助，有时甚至要重义轻利、舍利取义，决不能唯利是图、斤斤计较。"[1]

三、活跃文化交流，追求兼容并蓄、互动互鉴

对外援助是促进国与国之间文化交往、文明互鉴的重要渠道。世界上不同类型的文明、文化有特色之别，无优劣之分。中国与其他发展中国家同为人类命运共同体的成员，在援助合作中，应当摒弃"文明冲突论"和"文明优越论"，淡化和搁置意识形态、社会制度等领域存在的矛盾分歧，加强相互交流、相互学习、相互借鉴，共同维护世界文明多样性[2]。中国的对外援助要按照习近平总书记所指出的："我们应该推动不同文明相互尊重、和谐共处，让文明交流互鉴成为增进各国人民友

---

[1]　转引自王毅《坚持正确义利观 积极发挥负责任大国作用》，《人民日报》2013 年 9 月 10 日。

[2]　王寅：《人类命运共同体：内涵与构建原则》，《国际问题研究》2017 年第 5 期。

谊的桥梁、推动人类社会进步的动力、维护世界和平的纽带。我们应该从不同文明中寻求智慧、汲取营养，为人们提供精神支撑和心灵慰藉，携手解决人类共同面临的各种挑战。"[1]

四、维护普遍安全，倡导综合共享、合作可持续

伴随着全球化深入发展，在气候变化、粮食安全、能源安全、公共卫生安全等全球性发展问题，以及恐怖主义、人道主义灾害等非传统安全威胁面前，没有一个国家可以置身事外、独善其身，各国的安全利益相互关联、彼此影响。对外援助是支持发展中国家特别是脆弱国家提升能力应对各类风险挑战，共同维护国家、地区乃至人类整体安全的重要途径。在人类命运共同体构想下，新时期中国的对外援助要坚持共同、综合、合作、可持续的安全观，具体而言就是凝聚安全观念共识，针对全球发展问题和非传统安全威胁综合施策，强化安全合作协同，以促进经济社会可持续发展，实现维护普遍安全的最终目标。

五、重构国际秩序，坚持改革发展、公正和谐

当前，国际发展合作已经成为国际治理体系中的重要方面。以中国对外援助为代表的南南合作为传统国际发展合作注入了新动能。今后，中国对外援助需要以人类命运共同体理念为引领，更加积极地参与国际发展合作体系的调整重塑。一方面，坚持改革发展主线，不另起炉灶，

---

[1] 《习近平在联合国教科文组织总部的演讲（全文）》，新华网 2014 年 3 月 28 日，http://www.xinhuanet.com/politics/2014-03/28/c_119982831.htm。

不推倒重来，促进中国特色方式与国际有益经验有机结合，除弊兴利，为国际发展合作体系的优化调整作出"中国贡献"。另一方面，追求公正和谐目标，促进国际发展合作体系更好体现发展中国家的自主选择和发展权利，更多照顾其重大关切，不搞自我中心主义和大国沙文主义，确保发展中国家在国际发展合作中机会平等、规则平等。

第二节
新格局：南北力量对比发生变化

一直以来，西方发达国家都是国际发展合作的主力，不仅援助资金规模占据全球绝对比重，而且主导着援助理念的发展以及援助规则的制定与调整。但近年来，随着新兴经济体的群体性崛起，南南合作方兴未艾，国际发展合作格局呈现出新的变化趋势。

一、西方发达国家依然是国际发展合作的主力

自 2008 年以来，全球援助规模虽有波动，但总体呈增长趋势。根据经合组织（OECD）公布的数据，2017 年全球官方援助额（净交付额，下同）为 1775.95 亿美元，较上年微幅增长 0.6%，较 2008 年增长 23%。其中，DAC[①] 成员国援助额为 1466 亿美元，较上年增长 1.1%，较 2008 年增长 19.3%。2017 年 DAC 成员国援助额占全球援助总额的比重

---

① DAC：发展援助委员会（Development Assistance Committee），OECD 属下的委员会之一，负责协调规范成员国对外援助事务。

为82.5%，与2008年的85.1%相比下降了2.6个百分点。美国、英国、德国、日本、法国依然是全球最大的五个援助国，2017年援助规模分别为352.61亿美元（美国）、246.81亿美元（德国）、179.40亿美元（英国）、114.75亿美元（日本）和113.63亿美元（法国）。出于应对难民危机需要，德国于2016年大幅增加援助预算，超过英国成为全球第二大援助国，并继部分北欧国家和英国之后，援助金额占国民收入总值（GNI）的比重超过0.7%。多边机构援助额近年在160亿美元上下区间波动，占全球援助总额的比重保持在10%左右。DAC成员国在提供双边援助的同时，也是多边援助机构的主要资助方。因此，西方发达国家占全球援助总额的比重虽然有所下降，但仍然是国际发展合作最主要的资金提供方。

图2-1：2008—2017年全球对外援助（净交付额）情况

单位：亿美元，年

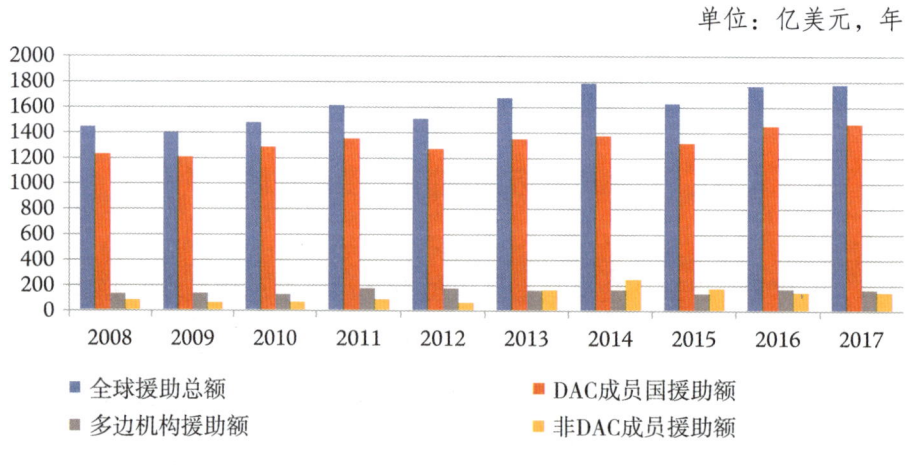

资料来源：OECD统计数据

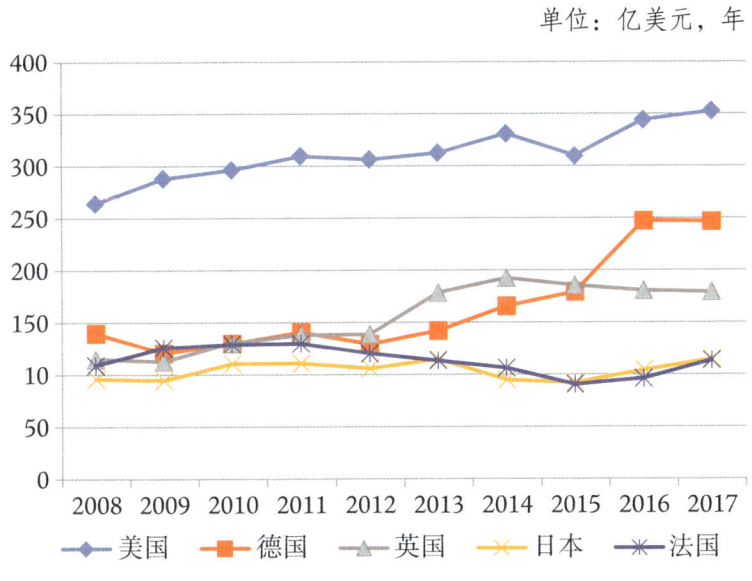

图 2-2：2008—2017 年全球五大援助国援助规模

单位：亿美元，年

资料来源：OECD 统计数据

二、新兴经济体成为国际发展合作格局的新力量

虽然西方发达国家仍然主导着国际发展合作格局，但全球援助资金来源已趋向多元化，新兴经济体、私营部门、非政府组织等正在发挥越来越重要的作用，以平等、互利、共赢为特点的南南合作越来越受到国际社会的广泛关注。从历史上看，发展中国家提供对外援助并非近年才开始的新现象，中国、印度、巴西、俄罗斯、沙特阿拉伯等国的援助历史甚至可以追溯到 20 世纪五六十年代，其中很多国家正在经历从受援国到援助国的身份转换。据 OECD 不完全统计，2017 年新兴经济体（非DAC 成员国）援助规模约 145.45 亿美元，占全球援助总额比重从 2008年的 5.8% 提升至 8.2%。由于新兴经济体的援助数据公开程度有限，根

据目前可以获取的数据，土耳其、沙特、中国等已跻身全球十大援助国行列，超过大多数 DAC 成员国。此外，越来越多的中等收入国家开始对外提供援助，如蒙古、印度尼西亚、泰国、尼日利亚、塔吉克斯坦、埃及等。为适应援助规模不断扩大的需要，土耳其、巴西、墨西哥、泰国等成立了援助机构，进一步规范对外援助管理。

三、传统援助国力图巩固发展合作主导权

为分担国际责任，传统援助国乐见新兴经济体不断增加援助资金规模，但又不希望随着出资比例相对下降而丧失在国际发展合作中的主导优势。为此，OECD 不断吸纳新兴援助国加入 DAC，同时提出"有效发展合作全球伙伴关系"概念，与新兴援助国开展三方合作，对其施加影响。更值得关注的是传统援助国近年发起的一系列规制改革。第一，从强调官方发展援助向强调受援国国内资源动员转变。提升受援国自身用于发展的资金比例，降低在受援国发展资金池中比例，新兴经济体的援助影响会被相应冲淡。第二，提出"官方对可持续发展的总体支撑"（Total Official Support for Sustainable Development，简称 TOSSD）概念，将由政府援助资金撬动的部分非官方资本纳入援助总盘子。由于新兴经济体在撬动非官方资本方面经验不足，其官方发展援助的重要性再一次被弱化。第三，提升援助资金的杠杆水平。传统援助国善于开发设计具有撬动作用的"工具"，配合"官方可持续发展资助总额"概念的提出，并致力于提升相关能力，进一步拉开与新兴援助国的差距。总之，传统援助国试图通过调整统计标准、拓宽援助主体范围、翻新援助概念、扩大援助外溢效应等手段，牢牢掌控国际发展合作主导权，这对今后中国等新兴经济体的对外援助将产生直接影响。

四、新兴援助国根据自身能力承担国际责任

今后一段时期，中国等新兴经济体将在国际发展合作领域发挥更大作用，南南合作的理念和方式将进一步提升影响力。但与此同时，新兴经济体也需要对不断变化的复杂情况和自身能力保持理性客观认知。一方面，新兴经济体虽然在经济增长上表现抢眼，但国内减贫以及实现可持续发展的任务依然艰巨，而人道主义危机、难民和移民、公共卫生、气候变化、和平安全等非传统安全领域的挑战又进一步加剧国内发展压力；另一方面，与传统援助国相比，新兴援助国在相关利益方协调、资源调度、项目管理、舆论引导等方面仍然欠缺经验。因此，作为发展中国家，新兴经济体应继续坚持"共同但有区别的责任原则"，承担应尽的国际责任，身体力行地贡献智慧和方案，为解决发展问题发挥积极的建设性作用。

第三节

新挑战：全球性发展问题依然严峻

随着世界多极化、经济全球化、社会信息化、文化多样化深入发展，和平发展的大势日益强劲，变革创新的步伐持续向前。但从现实维度看，和平赤字、发展赤字、治理赤字依然是摆在全人类面前的严峻挑战。特别是对于援助国和受援国而言，共同应对和解决贫困、人道主义危机、气候变化等全球性发展问题的任务十分艰巨。

一、贫困问题

得益于中国、印度等新兴经济体在减贫方面的卓越成效，联合国千年发展目标中贫困人口比例减半的目标提前三年实现。但总体而言，全球贫困问题依然严峻，有些国家和地区绝对贫困人口数量不降反增。根据联合国统计，截至 2017 年 6 月，全球仍有 7 亿极端贫困人口，其中一半生活在撒哈拉以南非洲地区，1/3 生活在南亚地区。联合国经社理事会在公开发布的报告中提出，如果不加强国际合作和国家层面的行动，到 2030 年全球仍将有约 6.5% 的人口面临极度贫困的威胁。贫困问题还导致一些发展中国家的儿童营养、医疗卫生等方面状况出现恶化。自 1990 年以来，全球范围内营养不良的儿童数量普遍出现了下降，但在撒哈拉以南非洲地区，却从 1990 年的接近 4500 万上升到了 2015 年的 5700 万。如果这一趋势不改，该地区将无法达到 2025 年营养不良人口减少 40% 的全球目标。在卫生领域，联合国千年发展报告显示，在以非洲为代表的发展中地区，最贫穷家庭的儿童发育迟缓可能性是富裕家庭儿童的 2 倍以上，5 岁以下儿童死亡率也几乎是富裕家庭的 2 倍。非洲孕妇死亡率占全球总数的 1/2，近 1/3 的新生儿面临破伤风威胁，还有近 1/4 的 1 岁儿童不能接种脊髓灰质炎疫苗。落后的卫生状况又反过来影响经济增长，加剧贫困问题，削弱国家的综合国力与可持续发展能力。此外，随着全球化深入发展，非洲的疾病传播及公共卫生事件也对全球公共卫生安全造成威胁，例如 2013 年在西非地区爆发的埃博拉疫情就波及到很多国家。

二、人道主义危机

当前，自然灾害、武装冲突、恐怖主义等造成的灾难层出不穷，全球正面临自二战以来最严重的人道主义危机。人道主义危机的复杂与严重程度不断加深，主要表现在类型更多样、发生频率更高、持续时间更长、危害程度和影响范围更大、人为和自然灾害导致的人道主义危机并存。近十年间，需要人道主义援助和保护的人数翻了近一倍，从每年平

2013 年 12 月 12 日，中国常驻联合国代表刘结一在联合国大会关于"加强联合国人道主义和救灾援助"议题审议时发言，介绍中方在国际人道领域所作出的贡献。

均 3000 万—4000 万人发展到目前的每年 5000 万—7000 万人。据联合国发布数据显示，目前全球范围内有 37 个国家的约 1.4 亿人口受到人道主义危机影响，创历史新高。[①]因冲突、迫害和暴力而被迫离开家园的人数已超越 1945 年以来的任何时期。同时，受到各种因素影响，全球粮食危机也达到前所未有的严重程度。2017 年，约有 45 个国家的 8300 万人口需要紧急粮食援助，比 2015 年增加了 70%。仅也门一个国家，就有 1700 万人面临粮食短缺。持续的冲突、大规模的流离失所、气候

---

① 联合国：《2017 全球人道主义状况概览——6 月报告》，2017 年 6 月 21 日；联合国：《2017 年全球人道主义概况》报告，2016 年 12 月 5 日。

变化以及自然资源的退化将继续加剧全球范围内的粮食不安全。未来 15
年，预计全球粮食需求至少增加 20%。当前的人道主义危机已突破原有
范畴，与其他全球性发展议题相互交织，使受灾国政府本就脆弱的应对
能力雪上加霜，短期的紧急人道主义危机往往转化成长期的发展问题。
为此，援助方需要制定长期规划和融资模式以应对当前的人道主义危
机，发展和人道主义机构与受援国之间应更有效地利用人道主义援助
资金，更好地协调合作，加强人道主义需求与长期发展援助重点之间
的平衡。

三、气候变化问题

气候变化是当前全球共同面临的重大挑战，深刻影响着生态保障、
粮食安全、经济建设、社会稳定等关乎人类生存发展的核心问题。面对
气候变化的冲击，发展中国家尤其是部分生态脆弱国家所处的形势更为
严峻，由于缺乏资金和技术支持，很难凭自身力量独自应对。根据世界
银行估算，到 2030 年发展中国家每年需要的适应气候变化资金约为 750
亿美元，促进减排资金约 4000 亿美元。为发展中国家提供应对气候变
化资金和技术援助，已在国际社会形成广泛共识。根据"共同但有区别
的责任"原则，发达国家应率先采取措施限制温室气体的排放，并向发
展中国家提供相关资金和技术，而发展中国家也应在得到支持的同时采
取措施减缓或适应气候变化。就现实而言，受到多种因素影响，国际社
会的共识并未转化为积极而广泛的援助实践行动，气候援助始终处于低
迷状态。气候问题的公共产品属性使得援助责任难以界定，尽管"共同
但有区别的责任"原则早已确立，但在事关国家利益的气候援助责任划

2017 年 11 月 15 日，德国波恩气候大会上，"基础四国"举行联合记者会，呼吁发达国家兑现 2020 年减排目标和对发展中国家的资金承诺。图中从左至右依次为印度、巴西、中国、南非四国 "气候部长"。

分、援助力度裁定方面，国际社会分歧严重，历次重大气候谈判的争论焦点都是如何在不同类型国家之间划分和落实减缓气候变化责任、资金与技术转让等议题。国际气候援助的资金和技术一直存在着巨大缺口，难以满足发展中国家应对气候变化的客观需求。在发达国家提供气候援助的意愿低迷、力度受限、供需失衡的情况下，发展中国家对气候援助的需求开始扩散至新兴大国，发展中国家间互助式的气候援助重要性日益凸显。作为最大的发展中国家，中国成为南南合作型国际气候援助的重要参与方之一。中国的气候援助是包容式、开放式的合作，以气候治理技术转移、清洁能源开发、经济发展模式借鉴为主要内容，对南北合作型气候援助也产生了一定的促进作用，进而推动更大范围的气候治理合作。近年，发展中国家在国际气候谈判进程中出现了分散化、碎片化的趋势，对于推动气候治理进程以及督促发达国家履行援助义务将产生不利影响。为此，中国的应对气候变化援助应该对消除分歧、协调立场、扶危助困、促进发展给予更多的关注。

第四节
新模式：援助参与主体角色转换
发展筹资模式改变

多年来，在国际发展合作体系中，援助国政府以及以世界银行、联合国机构为代表的国际组织均处于主导地位，非政府组织（NGO）、私人部门只是以项目执行者的角色发挥作用。面对纷繁复杂的全球性发展议题，单纯依靠由援助国政府、国际组织构成的发展合作体系来供应公共产品已显得捉襟见肘。随着公民社会的不断发展以及各种工具、技术、产品的推陈出新，非政府组织、私人部门逐渐由被动的项目执行者，转变为主动解决发展问题的方案设计者和资金支持者。这种新趋势正在改变传统的发展筹资模式。

一、非政府组织在国际发展合作中的角色转化

通过大量非政府组织在发展中国家组织实施各种类型的发展援助项目，是典型的西方援助方式。根据英国海外发展非政府组织网络的统计，有 340 家国际非政府组织为英国的海外发展援助战略服务。日本仅在亚洲的民间合作组织就有 200 家左右，在非洲约有 60 家。非政府组织在

发展援助领域的多年实践过程中，不断积蓄能力和经验，逐渐从援助项目的实施者，转变成为援助政策的建议者和援助议题的设计者。非政府组织对国际援助机构运作和决策的参与程度越来越深，通过对话、磋商、合作等机制大量参与国际机构的重要会议、活动及项目。国际机构对非政府组织的作用也愈加看重。以世界银行为例，该机构认为"公民社会组织在政府发展项目和计划中的参与能够提高世界银行的运营绩效……而且公民社会组织还能为解决发展难题带来创新性想法和方案"[①]。世界银行会定期举办磋商会议，就政策、战略等多方面征求非政府组织对全球或国家层面问题的看法和建议。非政府组织受世界银行邀请参加了一系列新的筹资机制并被赋予决策权力。在关于全球农业和粮食安全计划的决策中，就有数名非政府组织代表加入。在最近开启的社会问责全球合作机制中，非政府组织也获得了决策权力。可以看出，非政府组织在影响援助政策方向、制定预算拨款以及选择资助项目等方面的权力已经接近政府及捐赠机构。[②]此外，一些大型基金会已成为国际发展援助领域主要的资金支持方，其每年用于发展援助的预算超过大部分主权国家。相比主权国家，基金会更关注其偏好的领域和国家，资源投放也更集中，这就导致基金会在某些发展领域的影响力尤其突出，例如盖茨基金会对全球卫生、农业发展领域的影响。

二、私营部门对国际发展合作的影响扩大

当前，由于全球发展融资缺口巨大，通过援助带动私人投资以及更

[①] 引自世界银行网站。

[②] 刘宏松、钱力：《非政府组织在国际组织中影响力的决定性因素》，《世界经济与政治》2014年第6期。

充分发挥私营部门的作用，已成为国际发展合作领域的焦点话题之一。早先在促进实现千年发展目标进程中，私营部门的作用没有得到更多关注。但随着国际形势的变化，私营部门对发展中国家的影响明显增加，过去10年流向发展中国家的国际私人资本增长了3倍①，与之形成对照的是，受全球金融危机影响，官方发展援助资金增长缓慢。实际上，自2030年可持续发展目标确立以来，国际社会对私营部门在发展领域作用的认识已不局限于单纯的资金贡献，还包括其作为践行可持续发展目标责任主体的行为贡献，以及为解决全球、多层次和跨领域发展难题作出的创新贡献。很多传统援助国已经通过建立机制性的"发展伙伴关系"，加强与私营部门合作。德国设立了"公私合营发展计划"（develoPPP.de），援助管理部门为投资受援国的本国企业提供配套资金支持。政府支持的私营部门项目必须具备可盈利性和可持续性，更重要的是能带来明显的发展效果，遵循可持续环境和社会标准，其中特别关注在最不发达国家实施致力于改善妇女、儿童、残疾人等社会弱势群体生活条件的项目。"公私合营发展计划"启动以来共实施了超过1500个项目，参与项目的私营部门涵盖德国的大中小型企业。这些企业的投资经营一定程度上促进了所在国经济社会可持续发展，为其引入了规范的社会和环境标准，同时也提高了企业自身的商业利益。

三、发展筹资模式酝酿变革

2030年可持续发展议程作为一项复杂艰巨的挑战，提出了巨大的资金需求。据联合国贸发会议估计，发展中国家在可持续发展目标核心领

---

① 联合国：《可持续发展筹资和2015年后发展议程方面的一致性、协调与合作》，E /2015/52。

域的总投资需求约为每年 3.3 万亿至 4.5 万亿美元，而目前的投资额仅为 1.4 万亿美元，其中基础设施投资资金缺口在 2015—2030 年周期内约为 1.6 万亿至 2.5 万亿美元，应对粮食安全的资金缺口为每年 2600 亿美元，包括供水等在内的社会公共设施资金缺口为每年 2500 亿美元。面对庞大的资金需求，全球援助资金渠道已不能仅仅局限在传统的政府开发援助（Official Development Assistance, ODA）范畴，新兴经济体、非政府组织和私营部门的作用应该不断加强。它们此前的积极作为，已在很大程度上缩小了发展资金缺口，为全球减贫、可持续发展作出了积极贡献，进而也引发了发展筹资模式的变革。为了促进实现 2030 可持续发展目标，需要强化传统 ODA 资金与多元化发展融资的协同作用。OECD-DAC 于 2014 年推出"官方对可持续发展的总体支持"（TOSSD）的新概念，涵盖了更加广泛的发展融资，其统计范围不但包括传统援助国，还包括发展中国家和多边机构所有相应的公共部门和私营部门；资金范畴不仅限于符合"优惠条件"的官方发展援助资金，也包括所有用于促进发展中国家、地区或全球可持续发展的资金，即官方或由官方带动的所有资金的面值总和；资金类型多种多样，无偿援助、贷款、股权、担保、夹层融资、伊斯兰债券等优惠和非优惠资金均被纳入其中。目前，DAC 正积极寻求通过联合国平台采纳 TOSSD。一旦被采纳，发展筹资模式将发生根本改变。相比贷款及官方撬动的私人投资，援助资金仅占很小比重，援助的作用和地位将被淡化，而改善投资环境、吸引更多私营部门投资、增强国内资源动员能力将被视为发展的主要动力。这一改变，对国际发展合作规则的调整、发展中国家自身发展政策的制定都将产生深远影响。

第五节

**新诉求：中国与发展中国家的
合作要求升级**

近年来，很多发展中国家的自主发展意识增强，经济增长进入快车道，开展对外合作、振兴经济社会事业的愿望十分强烈。与此同时，中国已稳居世界第二大经济体，正在由地区大国向全球大国转变，需要寻求与综合国力相称的国际地位和国际影响力，承担应尽的国际责任。在全球处于重大发展、变革、调整的新时期，中国与发展中国家的相互依存关系更加紧密，进一步提升发展合作层级、共同应对风险挑战的要求也更加迫切。

一、发展中国家视角：学习经验技术、分享发展红利、维护和平安全

对发展中国家而言，中国历经 40 年的改革开放取得了巨大成功，具有中国特色的社会主义制度体现出强大的生命力。中国经过长期实践摸索出的国家治理模式可为发展中国家提供更多选择，在融入全球化进程中总结的经济社会发展经验可供发展中国家参考借鉴，在各个领域拥

近年来，中国累计为"一带一路"沿线国家培养了 10 万余名各类人才。图为来自印度、泰国、印尼等国家的人员在中国参加农业技术培训。

有的先进适用技术可帮助发展中国家实现跨越式发展。与此同时，中国巨大的经济体量正在通过进行中的结构转型逐步扩大市场空间，释放市场需求。发展中国家期待中国不断创新发展合作模式，将新机遇转化成为其可以得到真正实惠的发展红利。此外，发展中国家赞赏中国一贯坚持的相互尊重、平等相待原则，期待中国充分发挥全球第二大经济体和最大发展中国家的独特作用和影响力，更加积极主动地参与解决全球性发展难题，支持发展中国家应对重大风险挑战、维护和平安全，促进实现可持续发展。

二、中国视角：密切友好关系、体现大国担当、塑造外部环境

对中国而言，发展中国家始终是中国开展对外交往的基础。适应国内外形势发展需要，保障与发展中国家的友好关系"行稳而致远"，是新时期中国开展对外援助最直接的目标。近年来，南北贫富差距持续扩大，气候变化、粮食危机、流行性疾病等全球性问题给发展中国家带来新挑战，中国需要进一步加大对外援助投入，将国内鲜活有效的发展经验创造性地用于发展中国家，积极回应其核心关切，选择优势领域增加国际公共产品供给，帮助发展中国家改善民生、推进能力建设、实现自主发展。这不仅是中国作为全球大国应尽的国际责任，也是在国际发展合作竞争中赢得尊重的必然选择。另一方面，当前阶段中国国内的要素成本上升，广大发展中国家的和平稳定、政治支持、市场规模、资源禀赋、增长潜力对中国拓展国际空间、利用好两个市场两种资源而言至关重要。培育发展中国家的潜在市场，需要统筹协调对外援助与国内开放型经济发展，从更广阔、更长远的视角思考援助、贸易和投资的关系。此外，随着中国迅速崛起，海外利益链条不断延伸，发展中国家在将中国崛起视为其自身发展机遇的同时也存在质疑、误解和戒备，中国对外援助需要发挥其在促进人文交流、夯实民意基础、树立负责任形象等方面的独特作用，为实现可持续发展塑造良好的外部环境。

第六节

新机制：中国对外援助的合作平台和支撑保障

面对当今时代和平赤字、发展赤字、治理赤字等重大挑战，中国提出"一带一路"倡议，支持国际多边行动，做深做实各类型地区合作平台。中国对外援助正在从一系列合作机制框架中，找准切入点，积极行动，为促进实现 2030 年可持续发展目标、构建人类命运共同体作出贡献。

一、"一带一路"倡议与 2030 年可持续发展目标对接

自 2013 年习近平总书记提出"一带一路"倡议以来，通过顶层设计、精心部署、全面动员，"一带一路"建设以点带面，取得了积极进展，为沿线国家经济社会发展带来了新机遇。"一带一路"建设坚持共商、共建、共享原则，旨在全方位促进与相关国家的互利合作，同时也贯彻正确义利观，积极与相关国家建立新型发展伙伴关系。"一带一路"沿线地区人口规模将近 40 亿，相关国家大多数是发展中国家，人均 GDP

2017 年 5 月 15 日，"一带一路"国际合作高峰论坛在北京雁栖湖国际会议中心举行圆桌峰会。

在 1 万美元以下的国家有 35 个。^①"一带一路"倡议并非中国版的"马歇尔计划"，其具有鲜明的南南合作特征，因此在与 2030 年可持续发展目标对接、充分发挥对外援助独特作用上具有重要的现实意义。一方面，2030 年可持续发展目标可为中国在"一带一路"沿线地区的发展合作提供参考坐标和实施路径，有助于"一带一路"建设超越传统的国家间互利合作视角，从系统性、综合性、全局性角度思考全球及地区性发展难题的解决方案。另一方面，"一带一路"建设有助于帮助中国突破经济大国的单一形象，通过提供更多国际公共产品，与其他发展中国家共同应对风险挑战，从而构建负责任、重道义大国形象，提升在国际治理体系中的影响力和感召力。

---

① 隆国强：《扎实推进"一带一路"合作》，《国家行政学院学报》2016 年第 1 期。

二、多边合作与中国对外援助相互借力

在国际发展合作治理体系中，联合国机构、世界银行一直是举足轻重的行为主体。多年来，中国对外援助都以双边援助为主，多边援助为辅。随着中国逐渐从地区大国转变为全球大国，期待在国际治理体系优化重塑过程中更加积极作为，在多边机制中强化与联合国系统以及世界银行等机构的合作即为题中之义。就现实而言，近年中国对联合国系统的支持力度明显加大，举措更趋务实，例如加大对联合国开发计划署、粮食计划署、难民署等机构的指定用途捐款力度，支持其应对粮食安全、难民危机等重大挑战；设立南南合作援助基金，重点加强与联合国机构在民生减贫、应对气候变化、防灾减灾、能力建设等方面的发展合作。今后，中国与相关多边机构要在"一带一路"建设中共同促进实现2030年可持续发展目标，应充分依托各自比较优势，资源互补、相互助力。对中国而言，联合国等多边机构的优势在于其推动全球发展合作进程的重要影响力，特别在发展议题设定、发展筹资等方面，联合国机构作为规范和标准的主要制定者，其拥有的权威性和合法性在国际发展合作体系发生深刻变革的今天显得尤其重要。[①] 此外，联合国等多边机构在经济社会各领域具有独到的发展视角和强大的专业能力，可以有效弥补中国在这些方面的短板。对于联合国系统而言，与中国深化发展合作也是大势所趋，尤其目前传统援助国在应对发展问题方面趋向保守、表现乏力之时，来自中国这一最大新兴经济体的有力支持至关重要。其重要性不仅体现在资金方面，更被看重的中国是在改革开放、转型发展过程中积累的丰富鲜活经验，可以为不同类型国家解决各种发展问题提供参考

---

① 孙伊然：《全球发展治理：中国与联合国合作的新态势》，《现代国际关系》2017年第9期。

2018 年 6 月 13 日，中国常驻联合国代表团同联合国经社事务部、联合国开发计划署和世界卫生组织驻联合国办事处在纽约联合国总部共同举办 "'一带一路'倡议和 2030 年可持续发展议程" 高级别研讨会。

借鉴。今后，中国与联合国等多边机构应相向而行，深化发展合作，携手应对风险挑战，共同促进实现 2030 年可持续发展目标。

三、非正式合作机制扩大中国对外援助影响力

中国对外援助属于南南合作范畴。与以 OECD-DAC 为代表的发展援助南北合作机制相比，南南合作机制具有松散、灵活的特点。因政治经济体制、发展模式、经济水平和对外政策显著不同，南方国家的对外援助无论在原则理念、政策立场等宏观层面，还是在资金界定、投入重点、管理模式等操作层面都有较大差异，导致南方国家之间在短期内难以形成正式的对外援助协调合作机制。南南合作的自身特性决定了其可以在

2018 年 9 月 3 日，中国国家主席习近平在中非合作论坛北京峰会开幕式上发表主旨讲话，表示中国愿以政府援助、金融机构和企业投融资等方式，向非洲提供 600 亿美元支持。

近年表现活跃的一系列非正式合作机制中发挥更积极的作用，特别是中国作为南南合作的主要推手，可重点借助 G20、APEC、金砖国家组织、亚洲博鳌论坛、中非合作论坛等机制框架，主动设置发展合作议题，积极推出并落实援助举措。对中国而言，善加利用非正式国际合作机制，一方面可以在不同类型的国际平台系统阐释中国援外理念，使中国方案更广泛有效地惠及相关国家。另一方面，也是在目前谈判协调能力限制条件下，能够扩大中国援外的国际影响力。

四、管理机制改革为中国援外发展提供系统支撑

经过 60 多年的发展实践，中国摸索形成了一套具有中国特色、行之有效的对外援助发展模式，为国际发展合作事业作出了积极贡献。当

前，国际格局发生重要演变，中国发展进入新时代，"一带一路"倡议等全球公共产品的相继推出，赋予了中国外交、国际合作与对外援助新的使命。中国理应履行好自己应尽的国际责任，不断加大对外援助力度，积极参与国际发展合作。为了更好适应国内外形势发展需要，以习近平同志为核心的党中央立足党和国家事业发展全局作出组建国家国际发展合作署的重大决策。2018 年十三届全国人大一次会议表决通过了关于国务院机构改革方案的决定。方案提出将商务部对外援助工作有关职责、外交部对外援助协调等职责整合，组建国家国际发展合作署，作为国务院直属机构，履行拟订对外援助战略方针、规划、政策，统筹协调援外重大问题并提出建议，推进援外方式改革，编制对外援助方案和计划，确定对外援助项目并监督评估实施情况等职责。新成立的国家国际发展合作署，将整合过去分散在不同部门的工作职责，贯彻精简效能、精准施策的原则，通过整体提升战略谋划，进一步优化援助方式，更充分地发挥对外援助服务国家战略、展现新时代大国责任担当的独特作用。

第三章
新时代中国对外援助的内涵特质

当前国际形势正发生深刻变化，国际发展合作形势和发展中国家发展需求也呈现新的时代特点。中共十八大以来，面对新形势，以习近平同志为核心的党中央坚持理念创新，坚持实践发展，提出了一系列中国援助新理念和新思想，进一步丰富了中国对外援助的时代要义和精神内涵。

第一节
中国对外援助的理念

中国始终秉承弘义融利、共同发展、共建人类命运共同体的援助理念，为促进世界和平与发展贡献中国力量。

作为世界上最大的发展中国家，中国始终秉承正确义利观，高举和平、发展、合作、共赢的旗帜，统筹国内国际两个大局，把中国发展与广大发展中国家共同发展紧密联系起来，把中国人民的利益与广大发展中国家人民的利益结合起来，践行"亲诚惠容"的周边外交理念和"真实亲诚"的对非工作方针，在南南合作框架下，向其他发展中国家提供力所能及的援助，促进缩小南北发展差距，支持和帮助发展中国家特别是最不发达国家增强自主发展能力、减少贫困、改善民生。深入推动全球治理改革，支持扩大发展中国家在国际事务中的代表性和发言权，建设相互尊重、公平正义、合作共赢的新型国际体系。①

中国坚持同发展中国家人民同呼吸、共命运、心连心，把中国梦同

① 习近平：《决胜全面建成小康社会 夺取新时代中国特色社会主义伟大胜利——在中国共产党第十九次全国代表大会上的报告》，新华网 2017 年 10 月 27 日，http://www.xinhuanet.com/2017-10/27/c_1121867529.htm。

发展中国家人民过上美好生活的愿望、地区发展前景对接起来[1]，通过务实合作促进互利共赢，积极促进"一带一路"建设国际合作，与其他发展中国家人民一道实现共同发展，推动构建人类命运共同体。

中国积极履行国际责任和义务，发挥负责任大国作用，积极参与应对气候变化、粮食危机、流行疾病等全球性重大挑战，为解决人类问题贡献中国智慧和中国方案，努力推动实现联合国可持续发展目标[2]，为构建人类命运共同体贡献力量。

---

[1] 《习近平谈治国理政》，北京：外文出版社，2014 年，第 299 页。

[2] 联合国可持续发展目标于 2015 年 9 月 25 日由联合国 193 个成员国在联合国峰会上正式通过，系千年发展目标之后继续指导 2015—2030 年的全球发展工作的 17 个可持续目标。

第二节
中国对外援助的原则

中国的对外援助在长期实践中形成了具有鲜明中国特色的基本原则。这些原则贯穿于整个对外援助的发展历程中，指导着中国对外援助工作，并引领新时期南南合作不断迈上新台阶。

一、平等相待，相互尊重

"万物并育而不相害，道并行而不相悖。"中国一贯主张在和平共处五项原则的基础上对外提供援助，坚持国家不分大小、强弱、贫富，都是国际社会平等成员①，应该平等相待；充分尊重受援国的主权和领土完整，提供援助不附带任何政治条件，不干涉受援国内政，不要求任何特权；反对霸权主义和强权政治，不把自己的意志强加于受援国，在充分尊重受援国自主选择发展道路和模式的权利②的基础上力所能及地

---

① 《习近平谈治国理政（第二卷）》，北京：外文出版社，2017年，第443页。

② 习近平：《开启中非合作共赢、共同发展的新时代——在中非合作论坛约翰内斯堡峰会开幕式上的致辞》，新华网2015年12月4日，http://www.xinhuanet.com/world/2015-12-04/c_1117363197.htm。

提供无私的援助。

二、授人以渔，自主发展

"授人以鱼不如授人以渔。"中国在对外援助中注重受援国的能力建设，通过多种方式毫无保留地将中国发展治理经验和行业技术分享给其他发展中国家，尽力为受援国培养本土人才和技术力量，帮助受援国打好发展基础，增强自身"造血"能力，提高受援国治理水平和自主发展能力，挖掘增长潜力[①]，帮助受援国走上自力更生、独立发展经济的

1999 年 8 月，中国援建的加蓬国民会议大厦竣工。该项目被加蓬总统哈吉·奥马尔·邦戈誉为"中加友谊的丰碑""加蓬人民的骄傲"。

---

① 《习近平在南南合作圆桌会上发表讲话》，新华网 2015 年 9 月 27 日，http://www.xinhuanet. com//politics/2015-09/27/c_1116689451.htm。

道路，实现多元、自主和可持续发展。

三、合作共赢，讲求实效

中国对外援助始终践行弘义融利、以义为先的正确义利观，政治上讲信义、重情义、扬正义、树道义 ①，努力维护发展中国家的共同利益；经济上坚持互利共赢、共同发展，通过加强与广大发展中国家的团结合作，把自身发展和发展中国家发展紧密联系起来，将中国的发展机遇同发展中国家共享，为其他国家发展带来新的机遇，也使中国从其他国家共同发展中获得助力，走出一条利益共融的共赢发展道路，让发展成果更多惠及各国人民。

四、与时俱进，创新发展

中国对外援助坚持科学理念，遵循客观规律，顺应时代潮流和国内外形势发展变化，积极回应受援国新的发展需求，改革创新，注重实际成效，充分考虑受援国实际关切，不断创新思路、完善举措，理顺管理体制机制，建立健全规章制度，丰富合作模式，充实合作内容，不断推进对外援助提质增效。

---

① 《习近平出席中央外事工作会议并发表重要讲话》，新华网 2014 年 11 月 29 日，http://www.xinhuanet.com/politics/2014-11/29/c_1113457723.htm。

第三节
中国对外援助的特质

在习近平新时代中国特色社会主义思想的指引下，中国对外援助秉承优良传统，融合新时代新特征，在传承中不断创新，形成了独树一帜、别具一格的特质。

一、守望相助，推进南南合作

中国虽然经济总量已位居全球第二，但人口多、底子薄、发展不平衡的基本国情没有改变，人均国内生产总值还排在世界第 90 位左右[①]。因此，中国的对外援助仍属于发展中国家之间的相互帮助，是在南南合作框架下开展的。习近平主席指出，"南南合作是发展中国家联合自强、应对挑战的伟大事业"[②]。中国坚持量力而行、尽力而为，稳步加大对发展中国家特别是最不发达国家的援助力度，促进缩小南北发展差

---

① 《习近平谈治国理政》，北京：外文出版社，2014 年，第 309 页。
② 《习近平给南南合作与发展学院首届硕士毕业生回信》，新华网 2017 年 10 月 18 日，http://www.xinhuanet.com//politics/2017-10/18/c_1121822665.htm。

2016 年 3 月，世界粮食计划署和中国达成新的战略伙伴协议，为终结中国和其他发展中国家的贫穷和粮食无保障制定出协调战略合作框架。图为 2016 年 6 月 1 日，粮食署与中国农业部共同举办的南南合作政策对话在北京启动。

距①，在发展振兴的道路上与广大发展中国家守望相助、并肩同行。

同时，在新时代背景下，作为南南合作的积极倡导者和重要参与者，中国不断丰富对外援助内容、创新对外援助方式，通过成立"南南合作援助基金""中国气候变化南南合作基金"等方式，为合作构建新框架、注入新动力，使南南合作在推动发展中国家崛起和促进世界经济强劲、持久、平衡、包容增长中发挥更大作用，为建立更加平等、均衡的新型

① 习近平：《决胜全面建成小康社会 夺取新时代中国特色社会主义伟大胜利——在中国共产党第十九次全国代表大会上的报告》，新华网 2017 年 10 月 27 日，http://www.xinhuanet.com/2017-10/27/c_1121867529.htm。

全球发展伙伴关系贡献不竭力量。

二、多措并举，促进可持续发展

中国向其他发展中国家提供援助的方式多样，包括成套项目、一般物资项目、技术合作项目、人力资源开发合作、派遣援外医疗队和志愿者、紧急人道主义援助、债务减免等，既有经济基础设施、公共设施等"硬项目"，也有能力建设、技能培训、促贸等"软援助"。立足于受援国实际诉求和客观情况，中国实行因国施策，设计并实施具有实效的项目，切实帮助其他发展中国家实现经济社会的可持续发展。

援建成套项目是中国对外经济技术援助的重要方式，传统实施模式

援建成套项目是中国对外援助的最主要方式。图为 2016 年 9 月，中国援建的马尔代夫拉穆环礁连接公路项目竣工。

为"交钥匙"方式,即由中方承担项目的设计和组织实施工作,在建成后移交给受援国政府。中方实施单位充分发扬逢山开路、遇水架桥的开拓精神,高效率建成了大批交通、能源、通信、工业等大型经济基础设施项目和会议大厦、体育场馆、文化场馆、医院等社会基础设施项目。这些高标准的优质工程帮助破解了受援国基础设施滞后的发展瓶颈,在当地政治经济社会生活中发挥了十分重要的独特作用,赢得了受援国政府和人民的广泛赞誉,许多成套项目都成为当地标志性建筑。近年来,中方开始探索在具备能力的发展中国家实行本土化实施方式,把项目的组织实施责任转交给受援国政府,更好发挥受援方的主观能动性,进一步提高援助效益。

在提供成套项目援助的同时,中方重视受援国的能力建设,根据"授人以鱼,更要授人以渔"的原则加大技术援助力度。在开展技术合作过程中,中方派出人员本着勇于奉献、坚韧不拔的精神,为受援国提供技术指导和咨询,传授中国先进技艺,就地培训受援国管理和技术人员,显著提升了受援国人力资源素质。通过多双边渠道为发展中国家举办的各种形式政府官员研修、学历学位教育、专业技术培训,与其他发展中国家分享中国的治国理政经验、传授先进行业技术,培养了大批专业管理、技术人才,为受援国能力建设提供了宝贵的智力支持,也增进了中国与其他发展中国家人民的相互了解和传统友谊,为谱写共同发展篇章夯实了民心民意基础。

三、扶危济困,注重民生福祉

中国人历来主张"世界大同,天下一家",中国人民不仅希望自己

2018 年 7 月，中国援助柬埔寨乡村供水项目一期工程建成，投入使用。
新建的水井和池塘解决了柬埔寨 6 个省 10 万民众的饮水用水问题。

过得好，也希望各国人民过得好。① 中国的援助对象主要为最不发达国家和其他低收入国家，支持广大发展中国家减少贫困和改善民生福祉，成为中国对外援助的主要内容。②

---

① 《国家主席习近平发表 2017 年新年贺词》，新华网 2016 年 12 月 31 日，http://www.xinhuanet.com//politics/2016-12/31/c_1120227034.htm。

② 国务院新闻办公室：《中国的对外援助（2014）》白皮书，北京：人民出版社，2014 年。

中国通过在发展中国家援建农场、农业技术示范中心、农田水利工程等，帮助解决当地农业发展和粮食安全问题；通过援建打井供水项目，缓解农村地区缺水问题，提高居民生产生活质量；通过援建医院和疟疾防治中心、派遣医疗队、开展"光明行"活动、提供医疗设备物资和抗疟药品等，支持改善当地医疗卫生条件，提高社会福利；通过援建学校、职业技术培训设施等项目，改善教育设施，提升当地教育水平；通过减免债务、开展乡村减贫合作示范、修建低造价社会住房等项目，为受援国减贫和改善人民生活创造条件。在爆发疫情，遭遇地震、飓风、洪涝、干旱等自然灾害和战乱、冲突的第一时间，中国急人所需、雪中送炭，高效及时地提供紧急救灾物资或现汇援助等人道主义援助，帮助受灾国减少灾害影响、开展灾后重建工作，提高当地防灾减灾能力，彰显中国与广大发展中国家同舟共济的兄弟情谊，为增进其他发展中国家民生福祉、共同推动落实 2030 年可持续发展议程贡献力量。

四、完善机制，坚持重信守诺

21 世纪以来，中国的对外援助在体制机制不断完善的背景下，呈现更具前瞻性和规划性的特点。中国不断推进中非合作论坛、中国—东盟领导人会议、中国—葡语国家经贸合作论坛（澳门）、中国—阿拉伯国家合作论坛、中国—加勒比经贸合作论坛、中国—太平洋岛国经济发展合作论坛、上海合作组织等区域性合作机制发展，在这些论坛机制的平台上与其他国家共叙友情、共商合作、共谋发展，积极对接各方发展战略和各国人民发展诉求，谋篇布局、推陈出新，在论坛上宣布一揽子具有规划性和可量化的援助举措，用于指导下一阶段务实合作和发展行动，努力开创全方位、多层次、宽领域的合作新格局。

习近平主席指出，"只要是中方作出的承诺，就一定会不折不扣落到实处。"① 对于中方推出的一揽子举措，中国坚持"言必信、行必果"的原则，积极调动有效资源，与有关方面密切交流、紧密合作，通过扎实、高效的行动，全力推动各项论坛成果落到实处、早见成效，将发展的蓝图愿景转换为实实在在的收获，真真切切造福发展中国家及其人民。

五、开放合作，对接全球议程

随着中国综合国力的增强和国际影响力的提升，中国的对外援助从世界和平与发展大义出发，以更加开放的姿态参与到全球发展治理体系的建设和改革中，彰显出中国负责任大国形象。中国积极响应联合国有关发展倡议，在力所能及的前提下支持联合国等多边发展机构的可持续发展事业，支持亚洲开发银行、非洲开发银行等地区性金融机构发展筹资，并通过南南合作援助基金等平台，把自身发展经验和适用技术与多边国际组织的渠道和专业能力相结合，为加强国际社会应对资源能源安全和粮食安全、应对气候变化、打击恐怖主义、维护和平、防范重大传染性疾病等全球性挑战的能力作出自己的贡献，为落实全球发展议程、完善全球治理提供有力支持。

此外，中国注重加强同其他国家和国际组织的交流和对话，吸收借

---

① 《习近平谈治国理政》，北京：外文出版社 2014 年，第 307 页。

鉴发达国家先进发展合作理念，共同分享发展合作经验，不断提升援助效果。与部分多边组织和其他双边援助方试点开展优势互补的三方合作和区域合作，创新援助方式，丰富援助内容，为人类发展事业作出更大贡献，为推动建设持久和平、普遍安全、共同繁荣、开放包容、清洁美丽的世界贡献不竭力量。

第四章
国家治理援助

  中国在南南合作框架下开展了超过半个世纪的援外工作，其中在国家治理领域的援助有着不同于西方的尝试与实践。中国始终不以国家治理水平高低为决定是否向发展中国家提供对外援助的条件，而是在充分尊重对方发展自主性的前提下，通过人力资源开发合作等方式，加强与广大发展中国家在国家治理领域的交流与政策沟通，从不对其自主选择的发展道路"指手画脚"。当前，各国经济发展动力普遍减弱，冲突与政治不稳定引发了全球性的人道主义危机，在应对气候变化和可持续发展方面也暴露出南北国家间的结构性矛盾。在此背景下，西方国家提供的国家治理发展援助不断收缩，而中国为世界勾勒了人类命运共同体的宏伟蓝图。在"一带一路"倡议的逐步推进下，中国对外援助承担起了为全球增加公共产品、弥补治理赤字的重大责任。

第一节
中国对外援助在国家治理领域的实践

国际发展援助领域的国家治理概念，更多时候是英文语境下的"治理"(Governance) 一词。这个概念最初与后殖民地时期独立国家的制度安排相关。从 20 世纪 80 年代开始，"治理"与"发展"的联系变得愈加紧密，"治理"逐渐成为国际发展援助的一个常用概念，并且有了更为广泛的含义和外延。1989 年世界银行在《撒哈拉以南：从危机到可持续发展》报告[①]中提出"治理危机"后，世界银行、欧盟、国际货币基金组织、经合组织和联合国等各大援助方开始将"良治"（good governance）作为发展援助的重点内容[②]。随着冷战结束，西方学界和政府普遍认为民主制度和市场经济制度取得了历史性胜利，西方的民主制度及其相关指标也随之成为发展援助提供国设定援助目标、衡量受援国治理效果的常用标准。

---

① World Bank, From crisis to sustainable growth - sub Saharan Africa: a long-term perspective study, November, 1989.

② Khan, Haroon. "Good Governance and Human Development in Developing Countries, with Special Reference to South Asia." Governance in South, Southeast, and East Asia. Springer, Cham, 2015. 117-135.

2017 年 10 月 18 日，中国共产党第十九次全国代表大会在北京人民大会堂开幕，习近平代表第十八届中央委员会向大会作报告。

　　中文语境下的"国家治理"通常指对具体领域公共事务的管理，如"治水""治沙"，也指政府统治和管理公共事务的过程，如"治国"。此外"治"还意味着社会秩序达到一种平衡安稳的状态，例如"天下大治"中的"治"。中共十八届三中全会上，国家治理被提上一个新的高度，被赋予特定的内涵与中国特色。根据习近平总书记在十八届三中全会第二次全体会议上的讲话，国家治理不再是一般意义上的国内治理的概念，而是国内治理与全球治理的紧密结合。伴随近年来的发展演进，国家治理已成为习近平新时代中国特色社会主义思想的重要组成部分，其理论地位不断强化，指导着不同层次的政策与实践。中共十九大报告中一共提及"治理" 44 次，涵盖国家治理、社会治理、生态环境治理和全球治理四大领域，构成了中国共产党和中国政府关于"治理"的完整阐释。

一、"不干涉内政"原则下的国家治理援助

长期以来，中国援外政策作为国家外交大政方针的一部分，始终坚持中国外交理念的基本原则，即互相尊重主权和领土完整、互不侵犯、互不干涉内政、平等互利、和平共处五项原则。1964年1月，周恩来总理在非洲访问时，向全世界宣布了中国政府对外经济技术援助的"八项原则"。在"和平共处五项原则"和"对外援助八项原则"指导下的中国对外援助，历来都强调受援国的发展自主性。《中国的对外援助（2014）》白皮书明确指出，"中国提供的对外援助，坚持不附带任何政治条件，

1963年12月14日至1964年2月4日，周恩来总理应阿拉伯联合共和国（今埃及）、阿尔及利亚、摩洛哥、突尼斯、加纳、马里、几内亚、苏丹、埃塞俄比亚、索马里十国国家元首、政府首脑的邀请，率中国政府代表团对这些国家进行了正式友好访问。

不干涉受援国内政，充分尊重受援国自主选择发展道路和模式的权利。"[①]
尊重主权意味着不干涉对方国家内政，在援助中不附加政治条件，不是
借援助傲慢地为别国规划发展道路，这与"民主化改革是取得援助的前
提条件"[②]的西方发展援助理念区别巨大。

中国始终充分尊重受援国自主选择发展道路和模式的权利，强调与
受援国在国家治理层面的沟通是一种"互学互鉴"。互学互鉴重在互相
交流、取长补短、共同进步，践行"三人行，必有我师"的中国传统文
化思想，不把本国的意志和观点强加于人。国家治理领域的援助，不是
政治制度和发展模式的简单输出与复制，而是在求同存异的前提下，以
相互尊重的方式开展国家治理合作与政策沟通对接。实际调研[③]表明，
发展中国家普遍认同中国的治国理政经验，而这些经验的精髓要义是宏
观的、原则性的治理与发展理念，例如中国分享治理经验时强调一定要
"探索一条适合自身国家、具有自我特色的发展道路"。发展中国家的
专家学者已经深刻认识到，"各国应该积极寻找适合于本国发展的经验
与发展模式"[④]。

二、全球视角下的国家治理对外援助

国家治理一方面是通过国内治理营造国内秩序，为全球秩序构建提

---

① 国务院新闻办公室：《中国的对外援助（2014）》白皮书，北京：人民出版社，2014 年。

② 张严冰、黄莺：《中国和西方在对外援助理念上的差异性辨析》，《现代国际关系》2012 年 2 月。

③ 国家行政学院培训中心调研，调研时间 2017 年 11 月 13 日；中联部国际交流中心调研，调研时间 2018 年 4 月 12 日。

④ Mustafa YAGCI, "A Beijing Consensus in the Making: e Rise of Chinese Initiatives in the International Political Economy and Implications for Developing Countries", Perception, Summer 2016, Volume XXI, no.2.

供稳定的基础与依托，另一方面也是利用国家治理援助，向全球治理体系构建提供公共产品支持。① 中国提供国家治理援助，其远景目标是构建人类命运共同体。中国国家主席习近平 2017 年 1 月在联合国日内瓦总部的演讲全面阐释了构建人类命运共同体倡议。人类命运共同体理念是和平、发展、合作等人类主题的高度浓缩和升华，着眼的是各国共同繁荣而非纠缠于国家利益的分歧和冲突②。从中国与世界的关系角度看，中国已经成为全球经济大国，外交和国际事务地位日渐提升，国际社会也寄予中国更多责任与希望。国家治理援助作为中国参与全球治理的一个重要手段，在人类命运共同体的远景目标下发挥着重要作用。除了向发展中国家提供基于互学互鉴原则的国家治理经验外，中国还负起大国责任，成为国际公共产品的供给方，推动人类命运共同体构建。

在构建人类命运共同体和"一带一路"倡议的指引下，中国充分利用国际发展援助推动全球治理各个领域的改革与发展。中国发起创办亚洲基础设施投资银行和金砖国家新开发银行、设立丝路基金等，推动全球发展融资治理体系变革。通过设立专项基金、支持搭建对话沟通平台，促进联合国、APEC、二十国集团等多边机构改革，助力全球多边治理体系的转型升级。中国还积极推动国际货币基金组织份额调整，将人民币加入特别提款权（SDR）货币篮子，对最不发达国家进行债务减免等，促进全球金融治理体系的民主化改革。通过设立"南南合作援助基金""气候变化南南合作基金"，为全球南南合作体系发展注入资金。这些"中国方案"为推进构建全球发展治理新格局注入了新动力。

---

① 陈志敏：《国家治理、全球治理与世界秩序建构》，《中国社会科学》2016 年第 6 期。

② 张永良：《共赢共享的中国方案：坚持推动构建人类命运共同体》，求是网 2017 年 11 月 22 日，http://www.qstheory.cn/laigao/2017-11/22/c_1121996732.htm。

2016 年 1 月 16 日，亚洲基础设施投资银行开业仪式在北京举行，中国国家主席习近平为亚投行标志物揭幕。亚投行是首个由中国倡议设立的多边金融机构，其宗旨是促进亚洲区域的基础设施互联互通和经济一体化。

三、人力资源开发合作是国家治理援助的主要方式

中国坚持"授人以鱼不如授人以渔"的援助理念，通过人力资源开发合作等方式，与广大发展中国家交流治国理政、公共管理和经济社会管理经验，帮助相关国家培养治理人才、提升国家治理能力。

中国设计并组织实施了一系列以"国家治理""公共管理""行政管理"等为主题的研修班，为发展中国家培训了大批政府官员和行政管理人员。仅 2017 年，中国就为发展中国家培训了约 2 万名官员。培训承办机构都是国内研究中国发展经验顶尖的高校或智库。这些研修班增强了发展中国家对中国发展模式的认同，促进了经济社会发展经验的共享，为发

展中国家的治理发展贡献了中国智慧。

专栏 4-1："一带一路"国家区域与城市规划高级官员研修班

在援外资金支持下，"'一带一路'国家区域与城市规划高级官员研修班"于 2017 年 6 月在北京举办。参训学员均为"一带一路"相关国家的高级官员。研修班日程丰富、形式多样，学员除在北京交通大学、上海同济大学进行课堂学习，还参加了第 11 届国际中国规划学会（IACP）"一带一路"论坛、2017 年中国城市轨道交通高层论坛——城市轨道工程建设中外对话、2017 年驻华外交官联席会——外交官科技考察等学术活动。此外，学员还实地考察了城市古典园林、北京南站交通枢纽、上海外滩、哈尔滨中央大街和果戈里街区等。通过近 1 个月的研修，学员们对中国有了更深入的认识，对中国城市建设取得的成就高度赞赏。他们纷纷表示，中国在城市规划与建设、历史建筑与城市文化遗产保护等方面积累的经验可以为各国提供有益参考。

党际交流是中国开展国家治理援助的重要途径。中国邀请发展中国家的重要政党干部来华，通过学术课程、专题报告、研讨交流、实地考察等丰富多样的形式，特别是邀请参训官员现场观摩中国基层党组织活动、亲身参与党支部学习等活动，将中国共产党治国理政的实践与经验开放、真实地展现给发展中国家政党官员，使其进一步理解中国共产党的执政理念、思路和方式方法。从国别看，中国与老挝、南非、苏丹、津巴布韦、坦桑尼亚、纳米比亚、摩洛哥和埃塞俄比亚等国执政党之间的党际交往最为频繁。老挝中高层干部来华培训考察已成为该国提拔干部工作的一条不成文规定。柬埔寨人民党还把习近平总书记提出的"照镜子、正衣冠、洗洗澡、治治病"十二字写入国会主席在特别党代会的报告中，通过借鉴中国共产党治党经验，不断提升自身执政能力和水平。

学历学位教育也是国家治理援助非常重要的一种形式。中国招收发展中国家官员和技术人员来华攻读公共管理等专业的硕士或博士学位，更加系统、深入地讲授中国治理经验。其中，南南合作与发展学院（以下简称"南南学院"）是近年来最具创新的一项实践。南南学院是中国政府于 2015 年 9 月在联合国成立 70 周年系列峰会上对外承诺的重大援外举措，致力于打造一个最具吸引力的国家发展研究机构、最具潜力的发展中国家高端人才培养基地和最具活力的发展中国家沟通交流平台，为推进 2030 年可持续发展议程、推动广大发展中国家实现国家治理体系和治理能力现代化提供人才支撑。[1]南南学院面向发展中国家的政府官员、学术机构、新闻媒体、非政府组织等中层以上管理或研究人员，

2016 年 4 月 29 日，南南合作与发展学院成立，标志着中国与南南国家的合作从资金与工程支持转向发展智慧与发展理念的交流。图为 2017 年 7 月，南南学院首届硕士生毕业典礼。

[1] 南南合作与发展学院官网：http://www.isscad.pku.edu.cn/about1755/isscad1762/2016/0513/26329.html。

提供国家发展硕士和博士学历学位及短期研修项目。学位项目课程以经济学为核心，以解决问题为导向，同时涵盖量化分析、政治制度、战略管理、领导力和全球化等议题的课程。①南南学院立足于发展中国家的现实诉求，相互交流各国在工业化、现代化过程中的实践经验，在相互启发中共同提升对发展问题的认识。

---

① 《"南南学院"首批硕士毕业》，《中国投资》2017 年 14 期。

第二节
国家治理援助领域的新趋势

一、全球面临治理赤字，对国家治理援助需求上升

和平赤字、发展赤字、治理赤字是当前摆在全人类面前的严峻挑战。在治理赤字方面，首先是全球治理的民主赤字。以中国、印度、南非为代表的新兴发展中国家崛起，与发达国家的经济实力对比发生明显变化，但全球治理体系中治理权分配的比重并没有充分反映世界经济格局的深刻变化，阻碍了经济全球化健康发展。其次是制度赤字。2008年金融危机后，国际经济合作与竞争并存，全球治理制度和规则面临重大调整，当前的全球治理体系和规则不适应全球经济发展要求的问题越来越突出，尤其在贸易领域，规则碎片化趋势持续，双边、多边规则并行发挥作用。第三是责任赤字。由于发达国家经济缓慢复苏，国内问题丛生，对提供全球公共产品兴趣不大，大大降低了经济全球化的包容性。第四是新兴领域的治理赤字。在一些非传统安全领域内，例如网络空间等全球公域的治理存在规则真空，参与治理、分摊公共产品的"成本—收益比例"不明确。治理赤字充分体现了全球治理类公共产品的缺失，国家

治理援助是弥补公共产品缺口、解决治理赤字的重要手段之一。习近平主席在"一带一路"国际合作高峰论坛开幕式上提出,全世界要联合起来,"着力解决发展失衡、治理困境、数字鸿沟、分配差距等问题,建设开放、包容、普惠、平衡、共赢的经济全球化"[①],体现了中国政府对当前治理赤字的深刻理解和主动呼吁各国共同承担责任的担当精神。

二、西方在国家治理领域的发展援助不断收缩

虽然国家治理领域的援助需求在上升,但西方发达国家提供援助的意愿和能力却有所下降。在 OECD-DAC 的数据统计系统里,涉及国家治理的援助主要在"政府与公民社会"和"冲突、和平与安全"项下,涉及的细分领域如下:

表 4-1:OECD-DAC 涉及国家治理援助的细分领域

政府与公民社会	冲突、和平与安全
公共政策与管理	安全系统管理与改革
公共财政管理	公民和平建设、冲突防治与解决
权力下放与地方政府建设	参与国际维和行动
反腐组织与机构	军民融合与控枪
国家财政收入提升	排雷
法律与司法发展	童子军(防止与解聘)

① 习近平:《携手推进"一带一路"建设——在"一带一路"国际合作高峰论坛开幕式上的演讲》,新华网 2017 年 5 月 14 日,http://www.xinhuanet.com//2017-05/14/c_1120969677.htm。

民主参与与公民社会	
选举	
议会与政党	
媒体与信息自由	
人权	
女性权利组织与机构	
消除针对妇女儿童的暴力	

资料来源：OECD-DAC QWIDS 数据库

近年来，发达国家在治理领域的援助额基本呈现逐年减少的趋势。据统计，西方国家、传统的多边银行和多边组织在"政府与公民社会"分类项下的官方发展援助额从 2011 年的 214.01 亿美元降至 2016 年的 174.17 亿美元，降幅达 18%。

表 4-2：2011—2016 年 OECD-DAC 用于国家治理援助的情况

单位：百万美元

年份	2011	2012	2013	2014	2015	2016
DAC 国家	14531.76	13014.89	12526.83	12952.03	11936.82	11930.43
多边机构	6869.29	5308.24	6947.16	6266.64	5554.78	5486.68
总计	21401.05	18323.13	19473.99	19218.67	17491.6	17417.11
趋势	-	-14.38%	6.28%	-1.31%	-8.99%	-0.43%

数据来源：OECD-DAC QWIDS 数据库

虽然国家治理领域援款减少，但西方国家在该领域的援助具有深厚基础，仍然占据话语权和主导权，其援助行为所呈现出的特点基本能反映总体趋势和发展方向。

首先，治理援助以赠款为主，占比高达95％。其次，项目援助（Project-type interventions）是国家治理援助的首选方式，超过65％的援款用于项目援助（而非纯培训、技术专家等方式）。第三，该领域的援助渠道多样，直接支持公共部门是该领域援助的最常用渠道。不过，相比其他领域的援助，治理领域也更多地通过非政府组织和民间社会渠道实施。第四，该领域的重点援助对象为低收入的发展中国家，超过1/3的治理援助投向低收入国家，在低收入国家获得的每5美元援助中，就有1美元用于治理与和平领域（OECD,2014）。第五，该领域援助的地区分配不平衡，中亚、南亚和撒哈拉以南非洲地区获得了近一半的国家治理援助；远东地区只有8％。第六，从援助方来看，美国、欧盟和英国是该领域三大捐助方，而瑞典提供的国家治理援助占该国的ODA比重最高。

三、中国打破了西方以治理水平为援助条件的传统

一直以来，西方将国家治理水平与国家的政治民主化、社会公平和人权发展情况紧密联系，以衡量民主化程度的指标来衡量国家治理水平。冷战结束后，西方一直认为解决广大发展中国家问题的出路是改善政府治理结构，其提供援助的重点也从"马歇尔计划"实施以来着重经济基础设施建设、提供社会服务转变为推动制度和政策改革。西方国家用援助资助了一些研究项目，重点考察政府官僚体系运作水平，如瑞典哥德堡大学进行的"民主多样性调查"（Varieties of Democracy）。2010年后，

2016 年 6 月，来自亚美尼亚、巴基斯坦、墨西哥、巴拿马等 15 个国家的高级官员参加了"发展中国家国家治理体系和治理能力现代化研修班"。图为研修班成员在广西北海市参观时，体验用毛笔签名。

世界银行发布了"世界治理指标"（Worldwide Governance Indicator，WGI），从"代表性与公信力""政治稳定""政府效能""监管质量""法治""腐败控制"等 6 个方面对各国进行评价与排序。这些衡量指标成为了西方提供国家治理援助的参考标尺和用力目标。

　　与西方不同，中国自身的发展经验充分验证了国家治理的成功不在于某一类既定的标准，而在于凭着"摸着石头过河"的勇气与实践精神，走出一条具有自身特色的道路。中国有着 30 余年的受援国经验，作为发展中国家的代表，深知国家的发展若任由他国来设定，就根本谈不上自主发展[①]，尤其是在国家治理的原则性问题上，不能任由援助国"指导"。

---

① 张严冰、黄莺：《中国和西方在对外援助理念上的差异性辨析》，《现代国际关系》2012 年 2 月。

反观西方国家，他们的发展经历使其无法理解广大前殖民地国家的曲折发展过程，通过附加政治条件的"捆绑"援助实际上成了一种历史惯性，体现了作为援助国的"施舍心态"。总的来说，中国作为新兴的国家治理援助提供方，虽然看似挑战西方主导的援助安排和架构，但从长远来说，中国从受援国向援助国身份转换这一独一无二的经验，是对现有体系的有益补充。

第三节
中国方案展望

国家治理领域的对外援助是解决当前世界治理赤字的重要手段，国际社会和受援国对中国的期望值不断提升。中国可以在南南合作框架下，总结从受援国到援助国身份转换的经验，提出国际治理对外援助的中国方案。

一、主动规划设计四大重点领域

经过几十年的国家治理体制调整，中国在政党政治、依法治国、公民参与、民主决策、社会治理、公共服务、政府问责、政治透明、行政效率、政府审批、地方分权和社会组织发展等方面取得了巨大进步。这些都是中国国家治理领域对外援助的"供给侧"内容，总结起来可以分为四大关键领域。

首先是国家治理与法治领域。中国应优先安排提高发展中国家治理体系和治理能力现代化水平的援助，其中加强受援国政府依法治国的能力是核心。在人力资源开发合作规划设计中，应主动突出针对受援国依

2018 年 7 月，由商务部主办的援外培训项目"2018 年俄语国家大学校长研修班"在沈阳师范大学举行开班仪式。

法治国不同主体的能力建设类项目，一方面积极发挥全国和地方人大、政协等机构的国际交流功能与影响，分享中国经验，另一方面进一步扩大发展中国家培训对象，全面覆盖受援国政党、议会、立法机构、司法机构、执法机构等。

其次是社会治理领域。中国提供的社会治理类对外援助，应以建设共商、共建、共享的社会治理体系为原则，以提高受援国民生保障和改善当地群众生活水平为目标，加强和创新社会治理体系。例如，共享中国教育体系改革经验，尤其是基础教育的普及和职业教育体系建设；共享中国社会保障体系建设经验，尤其是城乡居民基本医疗保险制度、大病保险制度和失业、工伤保险制度建设等。

第三是生态环境治理领域。一方面，中国可以通过对外援助，支持受援国构建政府为主导、企业为主体、社会组织和公众共同参与的环境治理体系，通过培训和技术援助，分享中国在绿色发展领域的经验，交流互鉴各国在绿色生产和消费领域的法律制度和政策，推动受援国建立健全绿色低碳循环发展的经济体系。另一方面，通过对外援助支持联合国等多边组织搭建对话和沟通平台，帮助发展中国家提升参加全球环境治理的能力，扩大发展中国家在国际舞台的发声渠道，为广大发展中国家落实2030年可持续发展和《巴黎协定》提供支持。

第四是全球治理方面。中国应通过对外援助，在发展中国家宣传共商、共建、共享的全球治理观，倡导国际关系民主化。通过提供能力建设，支持扩大发展中国家在国际事务中的代表性和发言权。此外，在一些非传统安全治理体系中，中国也应加大对发展中国家的支持，例如在防范和打击恐怖主义、维护网络安全、后冲突地区发展和跨区域重大传染性疾病防治等方面，一方面提升受援国参与全球治理的能力，另一方面可以通过援助加强受援国的国家话语权，携手设计新兴领域的国际制度、规范等，填补全球治理新兴领域的"治理赤字"。

二、升级改革"软援助"管理体系，为国家治理援助提供制度保障

与其他领域对外援助不同的是，国家治理援助是以纯"软援助"形式体现的。国家治理援助涵盖领域广、涉及的相关部门多；项目周期一般较长，影响潜移默化。

针对国家治理援助的特点，横向看，要求协同更多国家和社会治理领域的专业部门，加强部门协调，打通部省合作渠道，探索官民互动模式，提高跨部门、跨地区资源和信息的互通水平，广泛调动优质人力资

源。纵向看，要提升援助政策制定机构在该领域的战略规划和方案设计能力，加强项目执行监管，调整项目审批、管理程序，强化前期关键环节，渐进提升信息开放度，提升国家治理援助质量。设计一套适用于国家治理援助影响力和效果评估的评价体系，扩充效果导向的评价维度。此外，加强所在国前置管理，增加一线资源投放力度，下放部分审批权限，以更好地把握发展广大中国家在国家治理领域的需求变化，加强协调沟通力度。

第五章
基础设施援助

　　基础设施是经济发展和社会繁荣的主要支撑。多年来，中国充分发挥技术成熟和人力成本相对低廉的优势，通过多种方式积极参与广大发展中国家的基础设施建设，包括修建道路、桥梁、机场、港口、电站，搭建信息通信网络，对发展中国家的经济社会发展发挥了重要作用。综观国际形势，全球基础设施依然严重缺乏，世界各国都在努力寻求解决方案，以打破基础设施不足的发展瓶颈，促进基础设施互联互通，推动经济社会发展。面对旺盛的基础设施需求和巨大的资金缺口，国际社会纷纷提出相关地区的基础设施发展战略，融资渠道呈现出多元化特点。中国于 2013 年提出以发展沿线国家基础设施、促进设施互联互通为重心的"一带一路"倡议，符合沿线国家乃至全球基础设施发展的需求。为配合"一带一路"建设，中国将适当调整援外资金规模和分配，与其他发展资金形成合力，共同助力全球基础设施可持续发展。

第一节

中国对外援助在基础设施领域的实践

一、支持交通运输建设

交通运输是发展中国家经济增长的重要支柱。中国对外援助积极响应受援国需求，助力推进公路、铁路和港口等交通基础设施建设，带动受援国经济发展。

（一）援建道路项目

实施陆路交通项目是中国基础设施领域援助的重点。中国援助埃塞俄比亚修建的阿达玛高速公路是埃第一条高速公路，也是东非地区规模最大、等级最高的高速公路，全长 78.4 公里，按双向 6 车道、时速 120公里标准建设。项目的建成大幅缓解了原有公路的通行压力，有力推动沿线地区的经济社会发展。中国提供援助资金支持巴基斯坦修建白沙瓦—卡拉奇高速公路（苏库尔—穆尔坦段）、拉合尔轨道交通等一系列重大项目，全面升级改造因多年地质灾害而破损严重的喀喇昆仑公路，有效改善了巴基斯坦的陆路交通运输条件，促进巴经济社会发展。中国利用优惠贷款支持柬埔寨扩建57B公路，路线全长176.35公里，极大地促进了沿线地区交通物流发展，成为柬西北地区的交通主干线，成为名副其实的"惠民之路"。

专栏5-1：尼泊尔阿尼哥公路

阿尼哥公路由中国政府援建，1967年建成通车，全长115公里，北起中国西藏樟木口岸，途径科达里、巴克达莆等到尼泊尔首都加德满都。阿尼哥公路是沿线民众进出外界的唯一通道，被誉为尼泊尔人民的"生命线"工程。2015年4月25日，加德满都大地震发生后，阿尼哥公路毁损严重，交通阻断。2016年3月，应尼泊尔政府请求，中国对阿尼哥公路实施援助抢险保通。中方施工人员克服了二次地震、洪涝、山体滑坡等困难，终于在2017年1月完成了一期抢险保通工作。阿尼哥公路的重新贯通，再次书写了中尼友好的新时代赞歌。

（二）援建交通枢纽项目

发展中国家交通枢纽能力不足的问题突出，国际机场、港口、大桥等建设成为相关国家的核心关切。为解决受援国需求，中国支持建设了安提瓜和巴布达机场航站楼、多哥洛美国际机场改扩建、津巴布韦瀑布机场改扩建、圭亚那机场升级改造、埃塞俄比亚国际机场改扩建、赞比亚卢萨卡国际机场扩建、萨摩亚法莱奥洛国际机场升级改造等航空枢纽项目，满足了所在国日益增长的航空运输需求，提高了机场的运营能力和安全性，促进了旅游业发展，对提升其国家形象发挥了重要作用。中国支持毛里塔尼亚友谊港扩建和斯里兰卡汉班托塔港口二期项目，显著提高港口吞吐能力，解决了货船积压滞港现象，为所在国经济社会发展再添活力。

中国援助毛里塔尼亚友谊港挡沙堤和清淤项目于 2016 年 4 月竣工，可有效阻止上游泥沙绕堤进入友谊港航道及港池，保证友谊港的正常运营。

专栏 5-2：马尔代夫中马友谊大桥

　　马尔代夫首都马累面积约 1.5 平方公里，常住人口约 20 万，人口密度大，土地稀缺，交通拥堵。建设一座跨海大桥，将马累岛和机场岛连接起来，随后贯通机场岛北侧的胡鲁马累岛，打造大马累首都区，是马尔代夫未来发展的必然选择。2014 年 9 月，习近平主席访问马尔代夫，中马关系再上新台阶，中国援建马尔代夫中马友谊大桥项目随之正式提上日程。马尔代夫是一个珊瑚礁群岛，狭窄的海峡、严格的机场限高、不规律的长周期波和海底暗流为大桥建设提出了诸多难题。项目正式立项后，中方团队立即针对项目实施的重点难点确定了 10 个科研课题，组织国内外科研力量——攻克难题。2015 年 12 月，马尔代夫中马友谊大桥举行开工仪式。短短 9 个月后，5 个大型海上作业平台巍然屹立，贯通海峡的施工通道全面打开，每根重达百余吨的钢护筒精准定位，在 40 余米深的海底为大桥打下稳固基础。中马友谊大桥已成为马尔代夫的世纪工程。马尔代夫总统在开工仪式上说："这座大桥是马尔代夫人民世代的夙愿，也是整个国家未来发展的基石！"

二、提升能源供给能力

能源短缺是许多发展中国家在工业化进程和经济发展中面临的一大挑战。中国积极回应相关国家实际需求，通过参与或支持建设电站、输变电和配电网、地热钻井工程等项目，帮助相关国家改善能源短缺掣肘经济增长的现状。

（一）建设水电站项目

中国凭借在水电方面的丰富经验和成本优势，帮助发展中国家建设不同类型水电站项目，如中非博阿利1号水电站、塞拉利昂坡特洛克水电站、赤道几内亚毕科莫水电站改造等。中国支持埃塞俄比亚修复阿巴萨姆尔水电站，使埃最老水电站重新焕发生机，促进了当地电力行业发展。中国援助斐济的索摩索摩小水电项目，装机容量700千瓦，带来了持续的电力供应，促进了当地经济的繁荣和民众生活水平的提高。

（二）援建输变电工程项目

中国提供优惠贷款支持发展中国家建设输变电项目。中国援建柬埔寨的金边—巴威输变电项目，覆盖金边、干拉、波萝勉、柴桢等4省市，受益人口约400万。中国为赞比亚卡里巴北—凯富埃西输变电项目提供政府融资支持，该项目作为其国家电网中的骨干输变电工程，有效缓解了其电力供应紧张状况，对其开发建设丰富的水电资源、促进工业化发展发挥了重要作用。

（三）支持天然气发电项目

中国援助发展中国家建设天然气发电等能源项目，丰富发展中国家

2017 年 4 月 19 日，中国提供优惠贷款支持的柬埔寨王国国家电网"金边 - 巴威"115KV 高压输变电网正式运行。该项目覆盖柬埔寨首都金边以及干拉、菠罗勉、柴桢三省，受益人口近 400 万。

电力来源，优化能源结构。中国利用优惠贷款支持坦桑尼亚建设的姆达天然气处理厂和输送管道项目，改变了其耗重资进口燃油发电的现状，为坦居民提供了清洁便利的天然气和持续稳定的电力资源，使其国内上网电价从每千瓦时 40—50 美分降低至 10—20 美分，全国天然气发电比例从 40% 增至 80%。中国推动马耳他完成 EPC 油改气工程，实现马用户电价下降 25%，使马耳他电价在欧盟范围内排名从原来的前三高降低至倒数第二，同时电网的可靠性、安全性、稳定性也大幅提高。

三、推动信息化社会发展

提升信息和通信技术的普及度，并以更低廉的价格普遍提高互联网服务，是联合国可持续发展目标之一。中国积极参与光缆电信传输网、政府信息系统等项目合作，支持发展中国家建设信息社会、发展数字经济，带动企业参与相关国家信息网络建设、运营和服务，逐步搭建有助于共同发展的现代化信息通信网络。

（一）支持光纤骨干网建设

中国支持发展中国家建设的光纤骨干网扩大了通信网络的覆盖面，降低了当地的通信成本，促进了电子商务的发展，为民众带来了便利，为经济社会发展增添了新动力。中国援助的肯尼亚国家光纤骨干网项目，有力推动了肯尼亚信息通信产业实现跨越式发展，网络速度大幅提高，网络通信费用降低了 90%，网络用户激增。肯尼亚信息技术行业快速发展，已成为近年来当地发展最快的产业。中国援助喀麦隆全国光纤骨干传输网优惠贷款项目，总长度 3200 公里，连接了喀所有大区，为区域内企业和民众提供高速的互联网及数据服务。

专栏 5-3：坦桑尼亚国家 ICT 宽带骨干网

坦桑尼亚国家 ICT 宽带骨干网项目（以下简称骨干网项目）是坦政府利用中国政府优惠贷款，由中国通信建设集团有限公司采用中国标准、中国设备承建完成的该国第一条"国家信息高速公路"。

长期以来，信息通信业发展的滞后严重影响着坦桑尼亚国民经济和社会发展。为解决经济社会发展对高速宽带传输网的需求，坦桑尼亚政府决定建设一套国家所有、国家控制、覆盖全国的光缆骨干传输网。中国以优惠贷款方式帮助坦建设骨干网项目，解决了项目缺乏建设资金的燃眉之急。

骨干网项目共分五期。一、二期建成后，覆盖坦桑尼亚全国 26 个行政区，连接周边 6 个邻国及 2 条国际海底光缆，并已开始为布隆迪、卢旺达、赞比亚和马拉维等 4 个国家提供国际电路转接服务。截至 2016 年 6 月，骨干网项目

运营已为坦桑尼亚实现超过 7000 万美元的收益。项目建设期间为当地提供了 8000 多个就业岗位，项目运营过程中长期聘用 100 多名当地工程技术人员，并为当地培训了大量信息通信人才。同时，项目运营使坦桑尼亚的电话资费降低了 58%，互联网资费降低了 75%，广大农村地区也享受到通信技术带来的便利。骨干网的建设和使用，为坦桑尼亚消除数字鸿沟、促进各行业信息化普及、最终实现"宽带坦桑、智慧城市"奠定了坚实基础。

（二）支持政府信息服务网络建设

为提高发展中国家政府办公效率和信息化管理水平，中国积极支持相关国家建设政府信息系统网络。中国利用多种资金方式，帮助建设肯尼亚国家行政通信网二期项目、刚果（金）政府专用网络项目、塞拉利昂国家安全网项目、老挝政府热线和警察指挥系统项目、圭亚那和巴布亚新几内亚电子政务项目等。中国支持塞内加尔建设国家安全网和电子政务网，为塞政府提供全国范围的一体化综合调度平台，在边境安全、海关缉毒、罪犯追踪、交通调控、自然灾害处理等方面提供安全保障，为塞实施电子远程教育和医疗资源共享等公共服务提供了基础架构。中国援助摩尔多瓦交通监控系统于 2014 年开始运行，使摩拥有了中东欧国家首个全国性交通监控系统，对提高摩交通管理水平发挥了重要作用。当年摩交通事故率降低了 40%，事故死亡率降低了 60%，车辆事故损毁率降低了 45%。

第二节
基础设施援助领域的新趋势

一、国际基础设施需求旺盛、缺口巨大

发展中国家对基础设施建设的需求十分旺盛。目前，全球 60% 的人口缺少互联网服务，12 亿人依然生活在没有电的环境中，至少三分之一的农村人口没有全天候公路服务。到 2025 年，至少将有 6.63 亿人无法获得安全的饮用水，将有 18 亿人生活在绝对缺水的地区。加强基本的基础设施服务仍然是全球特别是发展中国家的重要挑战。全球基础设施中心 (GIH) 发布的《全球基础设施展望》报告指出，到 2040 年，全球的基础设施投资需求将达到 94 万亿美元，约有 15 万亿美元的投资缺口。为弥补资金缺口，各国应将用于基础设施支出的资金比例从目前占 GDP 的 3% 提高到 3.5%。同时，为满足联合国可持续发展目标的要求，还需要额外增加部分投资，用于基础设施的投资支出应增加至全球 GDP 的 3.7%。

从地区分布看，全球基础设施区域间发展呈现不平衡态势，中国和美国两国投资需求占全球将近一半，其他投资需求和资金缺口主要分布

在发展中国家，特别是亚洲和非洲地区。近几年，亚洲地区国家经济持续增长、城市化进程加速，但基础设施总体严重匮乏，已成为其经济增长的瓶颈。预计从 2016 年到 2040 年，除中国以外的亚洲国家基础设施资金需求高达 22.4 万亿美元，面临着 4.7 万亿美元的资金缺口。非洲国家 2016—2040 年的投资需求为 6 万亿美元，占全球投资需求的 6%，资金缺口 1.7 万亿美元。相比其他地区，非洲虽然需求和资金缺口数额相对小，但由于多数国家经济落后、政局不稳定、投资风险大，融资进程面临着严峻的挑战，亟需国家公共支出以外的发展型资金，以促进建立基本的运输网络和公用事业。从行业方面看，公路和电力将占全球基础设施投资缺口的 65%，其中公路行业投资缺口最大，投资需求比当前投资趋势高出 31%。另外，港口和机场的投资缺口也相对较大，投资需求将分别高出当前趋势的 32% 和 26%。

表 5-1：2016—2040 年各地区基础设施投资情况预测

单位：万亿美元

	投资需求	资金缺口	处于前三位的重点投资领域行业
非洲	6.0	1.7	电力、水、公路
亚洲 ①	22.4	4.7	电力、公路、电信
美洲 ②	7.8	2.8	公路、电力、电信
欧洲	14.8	2.0	电力、公路、铁路
大洋洲	1.7	0.175	电力、公路、电信

资料来源：根据《全球基础设施展望》报告整理

---

① 亚洲的数据不包括中国，中国 2016—2040 年投资需求为 26 万亿美元，资金缺口 1.8 万亿美元。
② 美洲的数据不包括美国，美国 2016—2040 年投资需求为 12.4 万亿美元，资金缺口 3.9 万亿美元。

二、地区性基础设施战略纷纷涌现

面对不同地区的基础设施现状和需求，相关主要经济体纷纷根据区域特点制定中长期的设施发展战略。欧盟于 2013 年提出"连接欧洲设施"计划（Connecting Europe Facility），主要目标是加强欧盟国家在交通、能源和电信等领域基础设施的互联互通。2014 年又提出旨在促进基础设施、新能源、信息技术等领域投资的"容克计划"，其中，欧盟计划把欧洲现有的相互分割的公路、铁路、机场与运河等交通运输基础设施连接起来，到 2030 年建成欧洲统一的交通运输体系。南非于 2012 年推出"非洲南北经济走廊"跨国铁路建设计划，欲将博茨瓦纳、刚果（金）、南非、赞比亚和津巴布韦通过交通干线连接起来，再由南非的德班港从海上与其他地域沟通。该计划将与"非洲中部经济发展走廊"一道成为非洲经济发展的推动器，发挥释放地区经济潜力的作用。

中国于 2013 年提出的"一带一路"倡议吸引了全球的关注。"一带一路"贯穿亚欧非大陆，致力于亚欧非大陆及附近海洋的互联互通，构建全方位、多层次、复合型的互联互通网络，实现沿线各国多元、自主、平衡、可持续的发展。截至 2018 年，"一带一路"建设吸引了 100 多个国家和国际组织参与，已在交通、能源、通信等基础设施领域进行对接和协商，并推动了一大批重大合作项目建设。目前，基础设施联通已成为一带一路"五通"中取得较大收获的先行领域：亚吉铁路、雅万高铁、匈塞铁路等一大批铁路项目，牙买加南北高速公路、埃塞俄比亚AA 高速公路、马来西亚槟城二桥、中巴木尔坦—苏库尔高速公路等项目，助力发展中国家实现交通发展；46 条中欧班列线连接中国 24 个城市与欧洲 11 个国家的 29 个城市；巴基斯坦瓜达尔港、斯里兰卡科伦坡港和汉班托塔港等港口建设，帮助东道国发展临港产业；中缅油气管道、老

由中国援建的巴基斯坦瓜达尔港于 2016 年 11 月正式开航，对巴基斯坦的经济发展具有重要意义。

挝 230 千伏北部电网、埃塞俄比亚 GDHA500 千伏输变电工程等促进发展中国家能源资源优化配置；SMW5 海底光缆，中缅、中巴、中吉、中俄跨境光缆信息通道等项目提高国际通信互联互通水平。"一带一路"建设的丰硕成果，反映了全球共同发展与合作共赢的精神，国际基础设施发展将迎来新的机遇。

三、亚投行等新型融资平台支持作用显著

目前，各国基础设施建设的最主要资金来源是国家公共支出，包括财政预算和各国开发银行投资，此外还有世界银行、亚洲开发银行、非洲开发银行等多边开发银行的资金。但长期以来，各国财政持续面临较大压力，公共部门对于基础设施投资的支持力度受限，传统多边银行也

无法提供充足的资金支持，如世界银行和亚洲开发银行目前每年能够提供给亚洲国家的资金仅有大概 200 多亿美元，与亚洲基础设施资金需求相差甚大。

在此背景下，以新兴国家为主要倡导者的多边银行陆续成立，为发展中国家基础设施的发展融资发挥关键性作用。特别是由中国主导推动的亚洲基础设施投资银行（下称"亚投行"），成为推进亚洲地区基础设施建设的助推器。该银行成立的目的是为亚洲可持续基础设施建设提供资金服务和支持，推进亚洲区域基础设施互联互通以及经济一体化。2016 年 1 月开业以来，亚投行的国际影响力以及对亚洲地区经济发展的支持作用不断提升。截至 2018 年底，亚投行成员已扩大至 93 个，成为除世界银行之外成员最多的多边发展银行；已对 35 个项目累计批准贷款 75 亿美元，主要涉及能源、交通、电信、城市发展等领域，项目受

2017 年 8 月 17 日，金砖国家新开发银行非洲区域中心在南非约翰内斯堡成立，这是新开发银行的第一个区域中心。

益国包括菲律宾、印度、巴基斯坦、孟加拉国、缅甸、印尼等亚洲国家，内容涉及贫民窟改造、防洪、天然气基础设施建设、高速公路、乡村道路、宽带网络、电力系统等方面。亚投行表示，今后将逐步扩大贷款规模，以缓解亚洲地区基础设施的资金短缺压力，这将增强多边开发性金融的整体力量，更有力地推动全球经济的发展。

除此之外，由全球主要新兴市场国家发起建立的金砖国家新开发银行，以支持基础设施建设和促进可持续发展为宗旨。截至 2018 年底，金砖国家新开发银行批准金砖国家的项目达 80 亿美元，主要涉及清洁和可再生能源领域。目前该银行正在探索将贷款项目从金砖国家向其他新兴市场国家和广大发展中国家延伸，特别是以非洲区域中心为抓手，辐射其他非洲国家，为加快非洲基础设施建设、弥补非洲发展赤字作出贡献。

四、国际援助资金持续增加，助力基础设施发展

官方发展援助（ODA）为基础设施项目提供贷款、担保以及技术援助，是发展中国家尤其是贫穷国家的重要国际融资来源。根据经合组织发展援助委员会（OECD-DAC）数据统计，近年来，投入在经济基础设施领域的官方发展援助数额和比例总体呈上升趋势，其中交通项目占比较大。以 2016 年为例（见表 5-2），DAC 国家的 ODA 总量为 1449 亿美元，经济基础设施领域援助共 220 亿美元，占 ODA 总量的 15%，其中交通部门的援助额为 111 美元，占经济基础设施领域总量的一半。此外，非 DAC 国家通过南南合作也对援助发展中国家基础设施建设发挥了重要作用，如 2014 年中国、印度和阿联酋共提供了 41 亿美元官方发展资金（ODF）用于援助基础设施部门。从基础设施援助资金流向看，2014

年分别有 46% 和 31% 的援助资金流向亚洲和非洲发展中国家。

表 5-2：2012—2016 年 ODA 投向经济基础设施领域情况

单位：亿美元

年份		2012	2013	2014	2015	2016
ODA 总量		1270	1348	1375	1316	1449
经济基础设施领域		153	190	203	234	220
其中	交通部门	70	87	76	95	111
	通信	4	3	3	3	2
	能源	51	67	80	96	74

资料来源：根据 OECD/DAC 数据库整理

图 5-1：基础设施援助资金流向地区分布情况

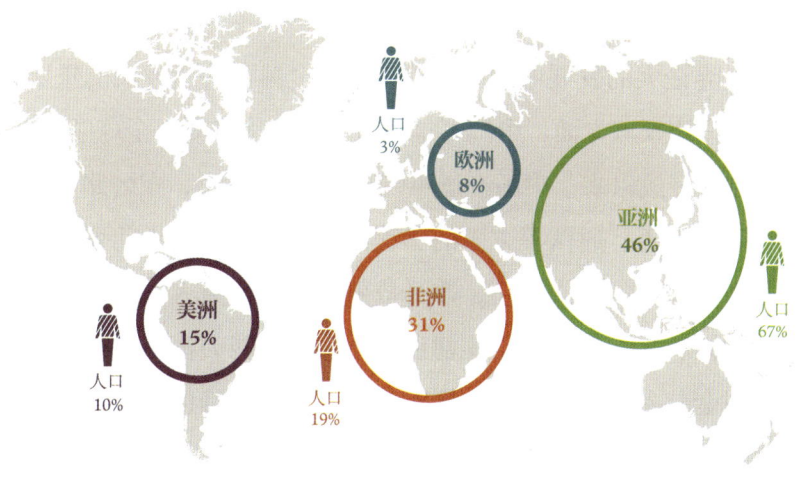

资料来源：OECD/DAC, Official Development Finance for Infrastructure, 2016.

五、私营部门资金投入规模有待增加

公私合营模式能够在基础设施领域发挥社会资本的资金、技术、管理和运营优势，缓解政府财政压力，提高基础设施供给效率和质量。长期以来，国际社会一直呼吁加大私人投资。近年来，私人资金投向基础设施的规模略有增长。2017 年私营部门基础设施投资项目平均规模从 2016 年的 1.56 亿美元扩大至 1.71 亿美元，大致分布在油气、电力、安居工程、通信、交通运输、水利和采矿领域。但总体来看，私营部门投资在基础设施支出总额中占比仍然很小，自 1990 年以来，私营部门在发展中国家全部基础设施项目中仅投资了 1.6 万亿美元[①]。随着全球基础设施需求增加和公共财政吃紧，吸引私人投资与运营将是世界各国促进发展的一大挑战。

六、中国优势助力全球基础设施发展

作为世界最大的发展中国家，中国已是全球可持续发展的重要参与者，在基础设施领域方面，中国更是凭借多方面优势赢得全球领先地位。首先，自改革开放以来，中国经过 40 年的发展和积累，在公路、桥梁、隧道、铁路、电力、通信等方面的工程建造能力已居世界前列，同时也培养了具有竞争力的建设队伍，兼具成熟技术和低廉人力成本优势。其次，中国钢铁、水泥等基础设施建设原材料生产能力富余，有助于降低全球大型成套装备的制造成本，同时，参与全球基础设施建设也是推动

---

① 数据来源：《私营部门参与基础设施投资数据库》（PPI 数据库）年度报告，http://ppi.worldbank.org/。

2018 年 1 月，中国援建斐济斯丁森桥和瓦图瓦卡桥顺利通车。图为瓦图瓦卡桥。

中国产业转移、促进产业结构调整的重要渠道。另外，中国援外成套项目历史悠久，覆盖地区广、类型多、质量好；长期以来，根据受援国要求，中国围绕基础设施项目积极开展技术合作和培训工作，促进了项目可持续性发展和技术传授，赢得发展中国家的普遍欢迎和信任。

随着中国"一带一路"倡议实践取得阶段性丰硕成果，发展中国家对中国助力基础设施建设的期待越来越高，中国也以积极的姿态支持发展中国家的需求。中国承诺在资金方面加大支持，如"丝路基金"新增 1000 亿元人民币、国家开发银行和进出口银行分别提供 2500 亿元和 1300 亿元人民币专项贷款等。中国还将同亚洲基础设施投资银行、金砖国家新开发银行、世界银行及其他多边开发机构合作，共同制定"一带一路"融资指导原则，促进沿线国家基础设施发展。另外，随着"一带一路"倡议推出，沿线国家也提出了一系列援助要求，中国的援外规

2017 年 5 月 19 日，中国进出口银行与埃塞俄比亚财政部签署埃塞俄比亚—湖南工业园项目优惠出口买方信贷贷款协议。

模将进一步适当提高，新增援助资金也将向"一带一路"国家倾斜，特别是以援外资金配合沿线落后国家的中小型基础设施建设。习近平主席 2017 年提出，"中国将在未来 3 年向参与'一带一路'建设的发展中国家和国际组织提供 600 亿元人民币援助，建设更多民生项目。"中国将综合利用多种资金模式，服务全球基础设施可持续发展。

第三节
中国方案展望

现阶段，世界基础设施区域间发展不平衡，发展中国家投资需求旺盛、资金缺口庞大，亟需国际社会推进开发合作。作为全球经济大国，中国应积极回应发展中国家的期待，优化顶层设计，发挥其在基础设施建设领域的优势，为发展中国家基础设施可持续发展贡献力量。

一、注重亚投行投融资，与援外资金形成合力

由于发展中国家基础设施缺口庞大，传统的援外资金无法满足其需求。在今后的基础设施融资中，中国应特别发挥亚投行作为发展性银行的优势，积极将"一带一路"基础设施项目与亚投行的发展融资相对接，尤其是加强亚投行对铁路、公路、港口、能源等大型基础设施的金融支撑力度，为"一带一路"建设提供充足的资金保障。同时，注重发挥援外资金优势，与亚投行资金协调配合使用，形成合力。例如，可利用援外资金开展项目前期研究和规划咨询，提高项目质量；推进人力资源合作和技术合作，帮助受援国提高技术和管理水平；直接使用援外资金参与中小型基础设施建设，如公路、通信、小水电等项目。

二、借助国际多边平台，促进信息共享

多边机构是促进全球基础设施可持续发展的重要推动力量，中国可充分利用联合国、二十国集团、亚太经济合作组织、金砖国家等平台，增进不同国家和区域组织在基础设施方面的合作与协调，如探索"一带一路"倡议和"连接欧洲设施"计划、"南非跨国铁路走廊"计划的合作点，促进与全球主要经济体在基础设施互联互通问题上信息互通、有效协调，增进不同倡议和发展融资计划的对接。

三、加强政府指导，鼓励私营部门参与

私人投资仍然是未来基础设施融资的重要资金来源。中国需加强与各国政府间的对话，充分了解受援国的发展规划、项目需求、项目风险等。优先筛选需求迫切、意义重大的基础设施项目，由中国政府提供援助资金开展项目可行性研究，鼓励有实力的私人企业和金融机构参与项目投资与运营，并给予必要的配套政策支持，扶持项目可持续发展，以此打造一批公私合营的示范项目，吸引私营部门投资基础设施建设。

四、提高基础设施质量，注重项目口碑

质量把控是基础设施可持续发展的重要因素。中国政府需加强项目考察立项、勘察设计、设备材料和施工管理等关键环节的管理制度，确保工程质量符合项目设计规范、满足受援国的环保要求。中国企业也需加强与受援国非政府组织、社区等群体的沟通与交流，促进共识、影响舆论、疏通民意，这有助于企业在当地取得好的口碑和信誉，提升中国基础设施建设的整体形象。

第六章
促贸援助

　　"促贸援助"是指为受援国提供资金，帮助其提高贸易能力以及经济发展水平，目标是通过贸易带动经济发展，使发展中国家从经济全球化中获益。2005 年，在中国香港召开的世界贸易组织（WTO）第六次部长级会议提出了"促贸援助倡议"（Aid for Trade Initiative），鼓励发达国家利用贸易手段促进发展中国家的减贫与发展。近年来，全球经济低迷、保护主义抬头，发达国家与发展中国家在促贸援助领域的鸿沟越来越大，广大发展中国家对促贸援助的期待不断攀升。中国是全球贸易大国，不仅拥有丰富的贸易发展经验可供分享，自身广阔的市场空间也可以为推动促贸援助创造条件。

中国积极响应世界贸易组织"促贸援助倡议",通过加强基础设施建设、提供货物监测设备、提升贸易谈判能力、举行促贸援助培训、给予零关税待遇等方式,支持促进其他发展中国家的贸易发展。

一、推动贸易互联互通

中国通过援建交通基础设施和通信基础设施,畅通区域物流,推动电子商务发展。首先,打造物理互联互通,推动区域内贸易。随着发展中国家经济社会迅速发展,国际机场、港口、大桥等交通枢纽能力不足的问题越发突出,大幅增加物流成本。为此,中国支持建设了大批交通枢纽项目,如埃塞俄比亚国际机场改扩建、毛里塔尼亚友谊港扩建、斯里兰卡汉班托塔港二期工程等,这些项目成为国际重要贸易物流节点,推动了地区互联互通网络的构建,加强了各国贸易往来,强化了区域经济的互动与融合。其次,促进通信互联互通,为发展跨境电子商务创造条件。中国支持其他发展中国家建设光纤骨干网,扩大了通信网络覆盖面，降低了当地的通信成本，促进了电子商务发展，为民众带来生产生活便利，为经济社会发展增添了新动力。中国援助的肯尼亚国家光纤骨干网、坦桑尼亚国家 ICT 宽带骨干网等项目，降低了当地互联网资费，为消除数字鸿沟、培育跨境电商奠定了坚实基础。

二、提供货物监测设备

为有效提高货物通关速度和效率，促进贸易便利化，推动运输业和国际贸易发展，打击走私和贩毒，维护国家安全，2013—2017 年，中国分别向津巴布韦、厄瓜多尔、坦桑尼亚、赞比亚、秘鲁、也门、亚美尼亚、特立尼达和多巴哥、蒙古、乍得、乌兹别克斯坦、埃塞俄比亚、圭亚那、毛里塔尼亚、摩尔多瓦、黑山、乌拉圭、卢旺达、吉布提、科特迪瓦、孟加拉、哥斯达黎加、塞拉利昂、玻利维亚、肯尼亚、突尼斯等国家援

由中国政府利用优惠贷款向也门政府提供的集装箱检测设备

助了集装箱检测设备。这些项目的顺利实施，帮助受援国提升了海关通关能力和贸易便利化水平，切实推动其融入全球价值链。

三、支持提升贸易谈判能力

自 2011 年开始，中国每年出资 40 万美元[①]，在 WTO 设立"中国项目"，支持最不发达国家加入 WTO，主要内容包括以下 5 个部分：

第一，资助参加 WTO 实习项目。每年支持 5 名来自最不发达国家和其他发展中国家具有相关学术背景的青年学生在 WTO 加入司实习。申请学员需具有本科或以上学位，年龄在 21—30 岁间，其中至少 3 名来自最不发达国家。迄今为止中国已经资助来自 10 多个国家的 20 多名实习生。

第二，资助举办 WTO 圆桌会。迄今为止，"中国项目"共资助举办 6 场最不发达国家加入 WTO 圆桌会议，分别是：2012 年 5 月在中国北京；2013 年 10 月在老挝琅勃拉邦；2015 年 6 月在塔吉克斯坦杜尚别；2015 年 12 月在肯尼亚内罗毕；2017 年 3 月在柬埔寨暹粒；2017 年 12 月在阿根廷布宜诺斯艾利斯。

第三，支持最不发达国家参与 WTO 重要会议。"中国项目"出资为最不发达国家相关协调员赴 WTO 参会提供差旅和生活费用，积极推动最不发达国家与 WTO 开展协调。中国先后支持了"棉花四国"代表团赴日内瓦出席与 WTO 总干事的特别磋商，以及部分最不发达成员代表团参与贸易政策审议会议等活动。

第四，支持"最不发达国家与发展中国家的南南对话"。"中国项

---

① 从 2015 年起，中国每年出资 50 万美元。

2012 年 5 月，由世界贸易组织主办、中国商务部承办的"2012 最不发达国家加入 WTO 最佳实践圆桌会"在北京举行。

目"支持最不发达国家驻 WTO 大使与其他发展中成员国大使开展对话，加强最不发达国家之间以及最不发达国家与其他发展中成员间在完成 WTO 谈判上的协调。至今已举办两期，首期对话会于 2016 年在法国安纳西举行，第二期对话会于 2017 年在瑞士蒙特勒举行。30 多名来自发展中国家的成员出席，就南南贸易、投资、工业化和全球价值链等领域合作进行了深入探讨。

第五，支持最不发达国家举行贸易政策审议后续研讨会。"中国项目"资助 WTO 秘书处专家参与最不发达国家举办的贸易政策研讨会，宣布贸易政策审议结果，讨论进行贸易政策改革的必要性，推动其国内改进贸易政策审议中暴露的问题，以及明确技术支持和能力建设的需求。至今，"中国项目"已支持马达加斯加等成员举行贸易政策审议后续研讨会，

2017 年 9 月，来自马来西亚、泰国、印度尼西亚等国家的政府官员、企业高管在华侨大学参加"一带一路·贸易畅通"研修班。

并支持阿富汗、利比里亚加入后续研讨会等一系列活动。

四、举办促贸援助培训

2013 年以来，中国举办了 200 多期与贸易发展相关的专题研修班，涉及主题包括国际物流运输与多式联运服务提升、铁路互联互通合作、国际产能合作、电力基础设施互联互通合作、丝绸之路经济带与欧亚经济联盟对接治理能力、装备制造标准化合作、贸易与可持续发展、跨境电商政策、农产品流通与贸易、出入境动植物检验检疫、进出口食品安全、贸易便利化等，有力加强了中国与发展中国家的经贸政策沟通对接。例如，中国连续多年为柬埔寨技术人员举办农产品（植物）检验检疫技术班，通过系统分享中国进出口商品检验检疫法律法规、证书体系以及动植物、卫生、食品等检验检疫工作经验，帮助柬方检验检疫技术人员掌握专业技术，并应用于实际工作。

专栏 6-1：中国—东盟跨境电商研修班

在援外资金支持下，"中国—东盟跨境电商研修班"于 2017 年 6 月在广西南宁举办，来自越南、柬埔寨、老挝、缅甸和东盟秘书处的 30 余名官员参加。研修班围绕中国跨境电商发展趋势和主要模式、中国—东盟跨境金融合作、中小跨境电商企业的生存风险等议题进行深入探讨交流，组织学员赴浙江进行考察，通过参加跨境电商相关展会、走访跨境电商综合实验区和重点企业等，让学员直观地了解电子商务在中国二、三线城市发展情况，为进一步拓展中国与东盟国家跨境电商领域合作夯实基础。越南工贸部官员表示，希望通过跨境电子商务途径，中越双方开展更加广泛的商品和服务贸易。柬埔寨商务部官员表示，柬政府正在拟定电子商务发展方案，未来柬中应通过共建平台促进双方在农产品、电子产品、服务业方面开展深度合作

五、输华商品零关税待遇

为有效推动发展中国家对华产品出口，2005 年中国首度对非洲 25 个最不发达国家 190 个税目的商品实施零关税，之后不断扩大零关税待遇受惠面。2006 年后，中国将受惠商品范围扩大至 478 个税目。2009 年 11 月，中国领导人在中非合作论坛第四届部长级会议上宣布，逐步给予与中国建交的非洲最不发达国家 95% 的产品免关税待遇。2011 年 11

月，中国领导人在二十国集团戛纳峰会上宣布，将对与中国建交的最不发达国家97%税目的产品给予零关税待遇。在随后召开的2012年中非合作论坛第五届部长级会议上，中方承诺进一步向非洲国家开放市场，决定在南南合作框架下，逐步给予与中国建交的非洲最不发达国家97%税目的产品零关税待遇，并建立零关税原产地磋商机制，完善零关税实施合作机制。到2012年底，最不发达国家对华出口的近5000个税目商品已享受零关税待遇。中国市场进一步向非洲商品开放，增强了非洲商品的出口竞争能力，扩大了双方平等互利合作。据统计，2008年以来，中国已连续5年成为最不发达国家第一大出口市场，吸收最不发达国家约23%的产品出口。

第二节
促贸援助领域的新趋势

自 2005 年 WTO "促贸援助倡议" 出台以来，已有 3000 亿美元资金投入到促贸援助领域，其中 27% 以上投入到最不发达国家。尽管促贸援助已成为国际发展援助共识，呈现出新的发展趋势，但是国际援助机构与发展中国家在该领域的供需矛盾在逐渐加大。

一、数字技术助力促贸援助

自 2007 年开始，经合组织与世贸组织启动了针对促贸援助有效性的评估，旨在从政策制定和执行层面推动促贸援助在发展中国家减贫和可持续发展方面发挥更大作用。该评估每两年进行一次。2017 年 8 月，双方联合发布最新一期评估报告——《2017 年促贸援助报告：为可持续发展促进贸易、包容和联通》，对过去一年中全球促贸援助的表现进行了评价并提出相关改进建议。此次评估由世界贸易组织（WTO）、经合组织（OECD）、联合国贸发会议 (UNCTAD)、国际电信联盟（ITU）、世界银行 (WB)、国际贸易中心（ITC）、世界贸易组织项下"增强一体化框架"（EIF）、商业促进电子贸易发展组织（Business for eTrade Development）等 8 家机构联合开展，将关注点聚焦于数字互联互通，提出电子商务对于发展中国家减贫的重要意义。与以往不同的是，本次评估与"2030 可持续发展目标"紧密相连，提出数字上的互联互通与物理上的互联互通互为依托，数字网络正迅速崛起为推动全球贸易融合的重要力量，为全球市场提供了更多、更公平的发展机遇。

从整体趋势看，发展电子商务对于推动全球包容性增长具有重要意义。第一，电子商务有助于将最不发达国家纳入全球价值链。互联网平台使下单、付款、运输更便捷，从而减少所有贸易相关方的中间成本，为最不发达国家的企业创造更多机会。第二，电子商务有助于推动中小企业参与全球贸易。通过电商平台，中小企业可以直接与国内市场和海外市场进行高效高质对接，从而降低其参与全球贸易的难度。第三，电子商务有助于降低妇女参与全球市场的障碍。电子商务减少了面对面的交流频率，降低了针对女性从业者的性骚扰和性索贿风险，从而部分克服了制约妇女参与的消极因素。

就具体措施而言，首先是政策层面，发展中国家政府应为电商创造积极的营商环境和法律保障。鼓励发展中国家政府创新监管模式，根据本地实际，突出产业优势，在跨境电商的标准流程、业务模式、信息化基础设施、人才建设等方面尝试创新性的协同监管模式，促进跨境电商新兴业态成长壮大。其次是融资层面，广大援助方应加大资金支持力度以弥合数字鸿沟。援助领域不仅包括 ICT 硬件基础设施，还应包括与电商相关的配套服务措施，如电子支付、物流、电商运营手段、售后服务等软件方面。投资主体不仅限于政府，还应鼓励使用"公私伙伴关系"（PPP）融资。第三是技术层面，各相关方应重点推动区域数字联通。广大援助方应充分利用多边渠道，大力支持区域联通项目，例如亚洲开发银行和世界银行资助的"在太平洋铺设光缆计划"（Cabling the Pacific），以及非洲开发银行资助的"联通非洲计划"（Connect Africa Initiative）等。

今后的促贸援助如果善加利用电子商务模式，可以取得让人期待的成效。但值得关注的是当前发展中国家发展电子商务存在较大的制约因素。目前全球仍有 39 亿人无法正常使用网络，数字鸿沟在城乡之间表现尤其明显。为此，不能完全将促贸援助与电子商务模式锁定，国际社会仍然应该继续保持对发展中国家参与传统贸易、不断提升贸易发展能力的支持力度。

二、发达国家的促贸援助有所收缩

当前全球经济低迷，发达国家保护主义抬头，纷纷将关注重点转向促进本国商品出口，无暇更多关注发展中国家市场的培育。从 2015 年

图 6-1：全球促贸援助趋势

单位：百万美元

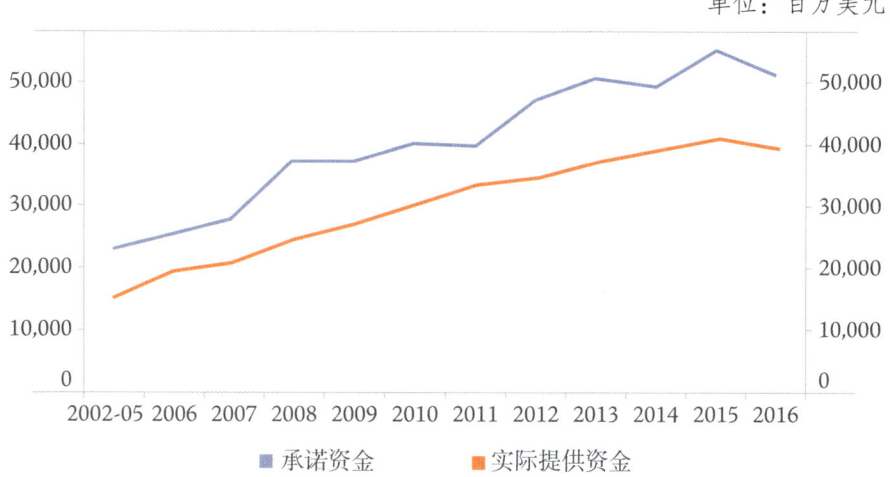

承诺资金 ■ 实际提供资金

资料来源：OECD 统计数据

开始，DAC 成员国对外提供的促贸援助金额出现下降，发展中国家再次面临在全球贸易领域被边缘化的风险。

以美国对非洲的促贸援助为例，美国在 2000 年通过《非洲增长与机遇法案》（African Growth and Opportunity Act，AGOA），该法案一直是美国与撒哈拉以南非洲国家经济关系的基石。AGOA 是 1974 年引入的美国贸易普惠制度的延伸，是一项具有单向援助性质的贸易优惠计划，允许 100 多个国家主要是发展中国家的 6000 多种输美商品享受免关税待遇。AGOA 同时要求美国行政部门在基础设施和农业等领域增加对撒哈拉以南非洲国家的发展援助，以提升其贸易能力。历届美国政府都将 AGOA 作为美国针对非洲地区最主要的促贸援助政策，用以促进非洲的经济和政治发展。

因为长期政局动荡、基础设施短缺，大部分非洲国家只发展起来技术含量不高、劳动密集型的服装制造业，为此在 6000 多种免税商品中，服装业是非洲国家的主要关切。以往历届美国政府通过对该法案的四次调整，固定了"第三地条款"，即允许非洲国家使用第三国生产的纤维，特别是亚洲国家生产的廉价服装原材料。这对于非洲国家的贸易能力建设产生了十分积极的影响。

AGOA 也促进了受益国建立市场经济体制。美国认为，发展中国家即使是最不发达国家都有能力和义务推动重大的政策改革，从而有效推动经济增长与多样化和减贫进程，融入全球贸易体系。因此，AGOA 明确规定了受益国必须建立市场经济体制，或者推进市场经济改革，消除在普惠制下的竞争限制，保护私有财产权，构建开放的以法制为基础的贸易体系，最大限度地减少或取消政府干预。

该法案实施后的十年中，AGOA 国家向美国的出口额增长了近 3 倍，从 220 亿美元增至 610 亿美元。2015 年美非贸易逆差达到 20 世纪 70 年代以来的最小值。AGOA 间接创造就业岗位达到 130 万个。

但是近期以来，特朗普政府出于"实用主义"和"美国优先"的考虑，围绕该法案做出一些"强化美国利益"的新举动，导致该法案开始偏离促贸援助的初衷。2018 年 3 月 29 日，特朗普政府宣布终止卢旺达在 AGOA 项下所享受的零关税待遇 60 天，直到卢旺达降低从美国进口二手服装的关税壁垒，这引起了非洲国家特别是最不发达国家的普遍不满和担忧。实际上，非洲大陆整体对二手服装的征税，正显示了其志在成为下一个"世界工厂"、保护本国服装业的雄心。2018 年 4 月 23 日，特朗普总统签署了《"非洲增长与机遇法案"与"千年挑战法案"现代化法案》（AGOA and MCA Modernization Act），提出建立"AGOA 网站"，及时公开非洲国家的市场信息，进一步促进美国对非洲的出口。此举表明特朗普政府开始以"贸易对等"原则对非洲国家进行更有力的约束，这将导致 AGOA 本来的促贸援助政策特性进一步弱化。

三、发展中国家在贸易促进领域取得积极进展

随着全球经济一体化的深入发展，广大发展中国家对推动区域经济一体化的热情不断高涨，积极推动本区域的自主联合，希望促进区域内商贸物流的发展，提升在国际贸易中的整体谈判能力。

以非洲为例，2015 年 6 月非盟成员国启动非洲大陆自贸区谈判，旨在建立一个覆盖全部非洲人口、经济总量达到 2.5 万亿美元的超级自贸区。非盟希望通过非洲大陆自贸区的建设，降低关税、消除贸易壁垒，促进区域内贸易和投资发展，实现商品、服务、资金和人员在域内的自由流动，将非洲各经济体汇集成单一的大市场。这一举措将促使目前四大区域经济一体化组织——东南非共同市场、西非经济共同体、东非共

2018年3月21日，非洲44个国家在卢旺达首都基加利举行的非洲联盟首脑特别会议上签署成立非洲大陆自由贸易区协议。图为非盟轮值主席、卢旺达总统卡加梅（左一）、尼日尔总统优素福（右二）与非盟委员会主席法基（右一）为非洲大陆自由贸易区揭牌。

同体和南部非洲发展共同体进行整合，极大促进非洲一体化进程，改变目前非洲国家间贸易一直在低水平徘徊的现状。

2018年3月，44个非洲国家在卢旺达首都基加利举行的非洲联盟首脑特别会议上，签署成立非洲大陆自由贸易区协议。签署协议的国家随后将按本国相关法律程序批准协议，协议获22个国家批准后即生效。据联合国非洲经济委员会的专家研究报告估计，非洲自贸区协定将使非洲大陆内贸易流在2022年相比没有自贸协定的预计情况提高52.3%。通过加强非洲大陆内部的贸易，非洲自贸区协定将在支持非洲经济多元化、促进非洲出口从单纯依赖原材料向增值产品多样化转变、促进升级区域价值链等方面发挥重大作用。

非洲大陆自贸区是发展中国家利用贸易手段推动自身减贫进程的重要里程碑。非盟轮值主席、卢旺达总统卡加梅指出，非洲大陆自贸区将增进非洲和外部贸易伙伴的关系，为非洲自身和贸易伙伴创造更大市场，实现共赢。

第三节
中国方案展望

在经济全球化浪潮推动下，发展中国家主动或者被动地参与到国际分工体系中，步入工业化进程，大部分国家从中获利，但也有少数国家成为全球贸易结构不平衡的受害者。中国作为自由贸易的受益者，有能力也有义务帮助其他发展中国家提升贸易能力，立足于发展中国家工业化发展的现实，分阶段、逐步地推动贸易便利化和自由化，在促贸援助领域贡献更多"中国方案"。

一、逐步提升贸易便利化

第一，推动发展中国家逐步降低非关税壁垒。许多发展中国家当前使用非关税壁垒限制商品进口以保护本国脆弱的工业。降低发展中国家的非关税壁垒不能一蹴而就。中国可考虑从推动区域贸易的角度，支持各发展中国家就经贸政策与邻国进行协调，打通跨境贸易投资合作壁垒，促进各国率先与周边国家实现贸易便利化和自由化。可结合重点国家发展需求，在对其主要边境口岸、枢纽港口、跨境运输道路节点开展实地调研的基础上，针对拥堵瓶颈，提供系统解决方案，帮助制定发展规划，升级运营管理系统，改善现场作业流程，培训相关边境管理人员。

第二，促进发展中国家农产品出口。很多发展中国家由于气候和土壤条件，具有发展农业的天然优势，但是由于技术水平和机械化程度低等原因，农产品依然需要进口，农产品贸易完全没有发挥对经济增长的促进作用。中国可以加快技术转移力度，通过提供优良品种、农机、肥料，推广先进种植技术，开展农业技术人员培训，帮助改善农产品储存条件，提高检验检疫水平，从全产业链条着手支持发展中国家提高农产品贸易水平。

专栏6-2：中国对非洲"棉花四国"的促贸援助惠及百万棉农

2011年12月，WTO第八届部长级会议举行前夕，中国与贝宁、马里、乍得、布基纳法索组成的非洲"棉花四国"在日内瓦共同发表了《在WTO框架下棉花领域合作联合新闻公报》。根据该公报，中国和"棉花四国"确认在棉花领域开展合作，方式主要包括建立双边棉花合作项目，提供优良棉种和农机、化肥等物资，进行棉花种植技术示范和推广，开展多边和双边管理和技术人员培训，支持双边企业合作项目技术升级改造和产业链拓展等。

棉花产业在贝宁、马里、乍得、布基纳法索四国经济体系中占有举足轻重的地位。为振兴棉花生产，促进本国经济发展，"棉花四国"采取了诸如增加种植面积、加大对棉农补贴等措施，以调动棉农积极性。此外，非洲棉花协会也制定了振兴棉花生产的战略计划，特别强调提高棉花质量。但是，国际上对棉花的补贴严重冲击了非洲棉花产业。非洲棉花生产国一直要求发达国家特别是美国降低国内的补贴价格，他们认为发达国家的补贴生产以牺牲穷国利益为代价，打压了国际棉花价格。

中国此项促贸援助举措是在多哈回合谈判陷入僵局的情况下反对贸易保护主义的有力行动。中国的帮助对贝宁、马里、乍得、布基纳法索四国促进棉花生产发挥了积极作用。

第三，敦促发达国家落实 WTO 承诺。2015 年 12 月，WTO 第十届部长级会议通过了《内罗毕部长宣言》及九项部长决定。关于对最不发达国家的承诺，包括：一是 162 个世贸组织成员首次承诺全面取消农产品出口补贴。其中发达经济体承诺将立即取消其大部分农产品出口补贴，发展中国家则将在 2018 年取消。二是在优惠原产地规则、服务豁免等方面切实给予最不发达国家优惠待遇。作为 WTO 中发展中国家代表，中国应积极敦促和监督发达国家对该项承诺的履行，维护公平公正的全球市场秩序，保护发展中国家的农业发展。与此同时，中国可进一步加大对最不发达国家提升 WTO 谈判能力的支持力度，共同维护发展中国家在多边贸易谈判中的正当权益。

二、改善发展中国家市场环境条件

随着海外投资逐步推进，中国企业已经成为很多发展中国家工业化发展的主要参与者与合作者。结合对发展中国家的投资，整体谋划中国的促贸援助措施，可以更有力地帮助发展中国家改善市场环境和条件，提升工业化发展的韧性和可持续性。

第一，支持境外工业园区发展。很多发展中国家与中国合作建设工业园区。一般情况下，中国企业负责承建园区内的基础设施和园区管理，东道国政府负责供水、供电等配套设施。但有些东道国政府往往无法兑现承诺，导致园区无法正常运作。中国可利用援助支持境外工业园区的整体规划，针对东道国无法提供的园区配套设施给予援助，为东道国商贸物流发展搭建有效平台。

第二，引导国际产能合作。最不发达国家多种产品享有零关税进入中国市场的优惠贸易待遇，但由于与中国检验检疫、质量标准不对接等因素，导致其出口不畅。中国一方面可在具备条件的国家支持建设一批生产性项目，以此为依托培训当地劳动力，帮助其提高生产能力；另一方面，可利用援助资金进行前期调研，依托受援国的资源优势，进行产业链中端环节转移，推动受援国按照中国标准进行生产、加工、组装，并对符合标准的产品实行快速通关"绿色通道"，推动其产品对华出口。

第三，推动生产标准互认。中国可与部分发展中国家建立"标准化合作"的常设机制，定期对其进行中国生产标准的培训和交流沟通，帮助其他发展中国家适应中国现行的产品标准和规范，使其能够顺利与中国市场需求对接，增强其产品在中国市场的竞争力。

第七章
医疗卫生援助

中国的对外医疗卫生援助始于 20 世纪 50 年代，在 60 多年的实践过程中为广大发展中国家改善医疗条件、提升卫生能力水平、推动公共卫生体系建设发挥了重要作用。近年来，伴随全球生物安全形势的发展、受援国需求的转变以及中国一系列重大对外倡议的提出，医疗卫生援助在中国整体援助战略中的重要性不断提升。中国逐步调整医疗卫生援助规模，优化布局，创新援助形式和内容，在硬件援助与能力建设、服务提供与技术转移、临床医学与公共卫生之间寻求更为合理的平衡点。与此同时，援助举措设计的体系化、科学化水平日益提升，不同援助方式、援助主体间互动更为频繁，对国际生物安全形势的研判与响应更为及时，影响力进一步扩大。

第一节
中国对外援助在医疗卫生领域的实践

60 多年来，中国积极开展医疗卫生领域对外援助，累计支持建设医疗卫生基础设施项目 150 多个，派出医疗队员 2.5 万人次，诊治患者 2.8 亿人次，捐赠医用物资数百批次，开展医疗卫生紧急人道主义援助 60 多次，在华培训各类医疗卫生相关人才 2 万多人次，派出医学志愿者 140 多人，为发展中国家的医疗卫生事业作出了卓著贡献。

一、援建医疗卫生基础设施，开展医疗卫生能力建设

医疗卫生基础设施短缺是阻碍发展中国家实现全民健康覆盖的关键因素之一。从中国开展对外医疗卫生援助初始，援建医疗卫生基础设施便是其中的重要内容。中国首个医疗卫生援助项目为援建蒙古 100 床肺结核疗养院，该项目于 1959 年竣工移交。60 多年来，中国已为发展中国家开展医疗设施援建或升级改造项目 150 余个，包括综合和专科医院 / 诊所、诊疗中心、基层卫生中心、抗疟中心、药品仓库、医学院、实验室、疾控中心等。2013—2017 年，中国已完成或正在考察、实施医疗

卫生基础设施项目 50 余个，其中在非洲的项目约占七成。

基础设施项目的规模、功能、选址一般由受援国提出，经中方委托专业团队对项目必要性、建设条件和方案、可持续发展方案等进行综合可行性研究后，双方协商立项。中国配套捐赠医用物资和保障设备，派遣技术组对设施设备进行维修维护；在医院周边建设小型道路和水电设施，提升人群就医便利度；整合中国医疗援助资源，将部分援外医疗队迁入中国援建医院。此外，中国也向受援国捐赠医用物资，包括救护车等运输工具，CT 机、多普勒彩超仪、超声乳化仪、超声诊断仪、血细胞分析仪、母婴检测仪等设备器械，防护服、人工晶体、试剂等耗材，以及防治埃博拉出血热、黄热病、寨卡病毒、疟疾、霍乱、甲型流感、腹泻等疾病的药品和疫苗，这其中包括价值约 10 亿元人民币、总量约 4000 万人份的青蒿素抗疟药品。这些设施和物资为缓解受援国医疗资源紧缺状况作出了重要贡献。

中国援刚果（布）中刚友好医院位于首都布拉柴维尔市姆非卢区，

2017 年 11 月，由中国援建的尼日尔综合医院正式投入使用。该医院是尼日尔最大的医疗中心，拥有 500 张床位。

是一家拥有 100 张床位的综合医院。2013 年 3 月习近平主席和萨苏总统共同出席医院竣工剪彩仪式，当年 8 月医院正式投入运营。医院覆盖目标人群约 20.8 万人口，其中超过半数为农村人口。目前全院共有员工 300 余人，包括中国援刚医疗队 23 人。在刚全国工资发放困难、首都最大教学医院大规模罢工的情况下，该院依然维持运转，为持续促进民众健康、培养医学人才发挥了重要作用，已成为刚首都布拉柴维尔排名前三的公立医院之一。中国援卢旺达马萨卡医院距离首都基加利 15 公里，也是一座拥有 100 张床位的综合医院，内设内、外、妇、儿等科室，可为当地 32 万民众提供医疗服务。中国为马萨卡医院配备了医疗设备，并派驻医疗队，医院运转情况良好。应卢卫生部需求，该医院将升级改造为大学附属教学医院，在卢卫生体系建设中发挥更为重要的作用。

为切实推动发展中国家临床学科建设，以基础设施为依托，以医疗队为突破口，中国开展了医疗机构对口合作，通过调动国内医疗机构优势资源，帮助受援国完善或建立专业科室能力，填补了部分国家乃至地区的学科空白。近年来，中国已帮助 20 多个国家的医疗机构加强或建立重症医学、妇产科、泌尿外科、病理科、肿瘤科、神经科、中医科等科室以及消化内镜中心、心脏中心、创伤中心、远程医疗中心等临床中心。

2014 年启动的"中加西非心脏合作项目"依托多种援助方式和医院对口支援，已为加纳培养 10 多名心血管科医生和护士，包括加纳首位会做冠状动脉介入治疗的医生。该项目还开创了心脏病手术"爱心行"模式，10 人的专家团队 5 天做了 10 例手术，手术成功率 100%。项目团队还指导加纳医生设计、开展了加纳四省的心血管疾病危险因素流行病学调查。这是西非首个最完善、最有组织的社区心血管疾病流行病学调查，受到加纳卫生部高度重视，为制定有效的公共卫生干预政策提供了重要的数据基础。

2018年2月26日，中国援助柬埔寨王家军总医院一批医疗设备在金边举行交接仪式。

2014—2016年，中国向特立尼达和多巴哥派遣了四批医疗队，每批工作半年，分别由首都医科大学宣武医院、天坛医院、朝阳医院和世纪坛医院承担，重点帮助特多组建神经学科，架构神经外科诊疗体系，培养神经外科后备力量。四批医疗队工作循序渐进，创建了中—特显微外科培训中心，从创造特多介入神经外科十项第一，到开辟特多显微神经外科和内镜神经外科时代，填补了加勒比地区的多项技术空白。在项目支持下，世界神经外科联合会国际临床神经外科学习班在特多举行，这是特多及周边国家历史上首次举办大型医学专业学习班。

为提高受援国医疗卫生人力水平，中国开展了大量的人力资源开发合作项目，累计在华培训受援国医疗卫生领域官员、管理者和技术人员2万多人次，主要项目领域包括卫生体系管理、医院管理、传染病防治、护理、全科医生、妇产科、儿科、急救科、微创外科、脑血管病和白内障治疗、农村卫生、现场流行病学、环境卫生、医学影像技术、设备维修管理、医药投资合作、疫苗生产、免疫规划、慢性病治疗、重症医学、临床检验、卫生项目设计与评估等。近年来新增项目主要集中在慢性非传染性疾病和重症医学等复杂疾病领域，以及学历学位教育。人力资源开发合作项目与其他援助方式有机结合，进一步扩大了中国对外医疗援助的综合效益和可持续发展能力。

二、派遣长、短期医疗队

中国援外医疗队是全球唯一一支由援助国政府组织派出，为发展中国家无偿、长期提供医疗援助的规模较大的援外医疗队伍[①]，在全球独树一帜。自 1963 年派出第一支援外医疗队起，截至 2017 年，累计派出医疗队 2.5 万人次，诊治患者 2.8 亿人次，挽救了无数生命；共有 1500 多名队员获得受援国政府颁发的各种荣誉，还有 42 名医生在执行援外医疗任务期间献出了宝贵的生命。

2017 年，中国共派出 1059 名医务工作者在全球 51 个国家长期工作。目前中国长期援外医疗队（6 个月—2 年轮换）由国家卫生健康委员会（以下简称"卫生健康委"）组派，各省（区、市）承派。根据中国政府与受援国政府签订的议定书，卫生健康委将医疗队派遣任务下达给各承派省（区、市），由各省（区、市）根据议定书规定的科别、人数选派医疗队员。

医疗队所覆盖的临床专业广泛，除了大多数受援国急需的妇科、产

---

① 其他援助国政府主要派遣短期临床技术组、紧急救援医疗组等，较少长期派遣医疗人员，长期医疗服务主要由民间机构组织。古巴政府派遣长期医疗队，但实为劳务派遣，并非无偿援助。

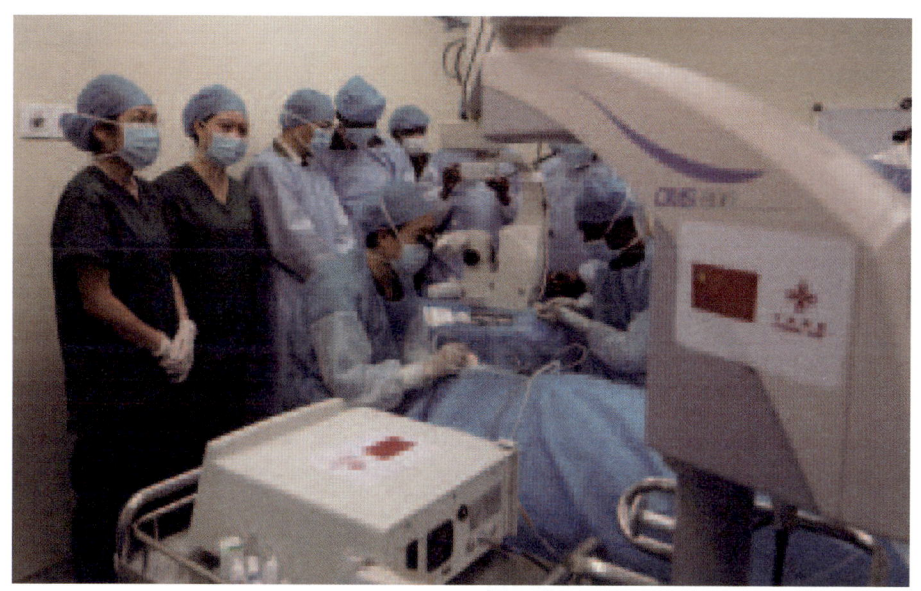

从 2003 年开始，中国先后派医疗队赴亚洲、非洲、南美洲多个国家，为当地眼科疾病患者免费实施治疗。图为中国医疗队赴科摩罗开展"光明行"活动，为白内障患者实施复明手术。

科、儿科、骨科、大外科、大内科、麻醉科和放射科等，也包括神经、心脏和泌尿等专科内外科室，以及广受受援国民众欢迎的中医科。少数医疗队还配备了公共卫生专家，如流行病学、营养学、微生物学专家等。

　　医疗队的工作范畴广泛。首先是提供临床服务。受援国的工作环境通常较为艰苦，基础设施简易，医疗设备和药品耗材稀缺，医疗队需要克服许多在国内难以想象的困难。其次是进行临床带教，50 多年来共帮助培养当地数十万名医务工作者。再次是改善医院和科室管理水平，如制定标准手术流程、设计无菌操作规范等，开展专题培训推广。此外，医疗队还会走进社区、乡村和学校，开展义诊、巡诊和卫生宣传活动，捐赠药品和卫生用品，扩大服务范围。在为受援国医疗卫生事业作出贡献的同时，医疗队也为当地华人华侨、中资企业员工和驻外使领馆人员提供医疗服务，针对当地常见病和突发疫病进行宣传教育。

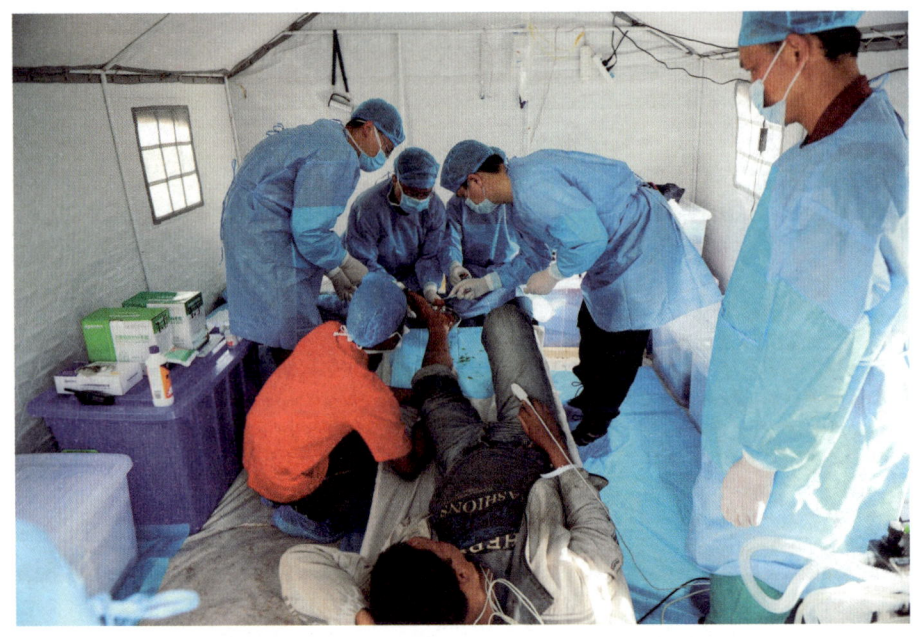

2015 年 4 月 25 日尼泊尔发生地震后，中国迅速派出国家医疗队赴尼参与医疗救援。图为援尼医疗队在帐篷医院及时对地震重伤员实施手术。

除派遣长期援外医疗队，中国也组派短期医疗专家组开展专科行动，如白内障手术"光明行"、唇腭裂手术"微笑行"、心脏病手术"爱心行"等。仅 2016 年，商务部与卫生计生委（现卫生健康委）、全国十多个省区市医疗机构、社会组织和企业就组派医疗队，在 10 多个亚非发展中国家实施 5000 多例白内障复明手术。中国专家医术精湛、医德高尚，有的专家带病坚持开展手术，得到受援国政府和百姓的赞许，许多患者不远数百里慕名而来。援苏丹"光明行"项目用 102 天完成 1041 例手术，其中包括一位 101 岁高龄的老人，无一例感染和差错事故发生。援喀麦隆"光明行"除开展手术、现场培训与学术交流，还邀请喀方医务人员来华研修学习，根据不同学员的特点制订差异化学习计划，得到了喀政府和医院的高度肯定。短期项目结束后，两国医院间签署友好协议，开启长期合作。中国对斯里兰卡"光明行"更促成了斯里兰卡开通向中国捐赠角膜国际通道的互助合作。

除了政府部门，中国军队也派遣援外医疗队。中国海军"和平方舟"号医疗船是中国自行设计研制的万吨级大型专业医疗船，各项硬件设施相当于三级甲等医院水平，是少数具有远海医疗救护能力的医疗船，目前已赴亚洲、非洲、拉丁美洲等开展多轮巡回义诊和灾害救援。

近年来，中国民间援外医疗队愈发活跃。中国医师协会组建了志愿医师组织，首批人员已于2018年4月赴中国援几内亚的中几友好医院，全方位参与该院神经外科、儿科、妇产科的临床诊疗工作，并重点帮助其提高神经外科的综合实力。云南民间国际友好交流基金会等机构和云南省政府合作，发挥区位优势，向周边国家派遣短期医疗组。海南航空股份有限公司与海南省委、海南省佛教协会等部门合作，在亚非多国共同开展数千例免费白内障复明手术。爱尔眼科医院集团也与中国公共外交协会、中国华侨公益基金会等合作开展过类似项目。

中国援外医疗队的工作推动了受援国医疗卫生事业的发展，促进了中国和发展中国家间的友谊，展示了中国的医疗技术水平，传播了中国医疗经验，不仅为受援国救治了数以亿计的患者，更培训了大量的专业医务人员，受到受援国政府和人民的普遍欢迎。

三、助力公共卫生体系建设，实施公共卫生干预项目

2014年西非埃博拉疫情的爆发和迅速蔓延，暴露出非洲医疗卫生体系的脆弱。为加强发展中国家医疗卫生尤其是公共卫生体系建设，中国近年加大在公共卫生领域的援外力度，开展了多个疾病监测预警、实验室能力建设、重点疾病干预等项目。中国在中非合作论坛约翰内斯堡峰

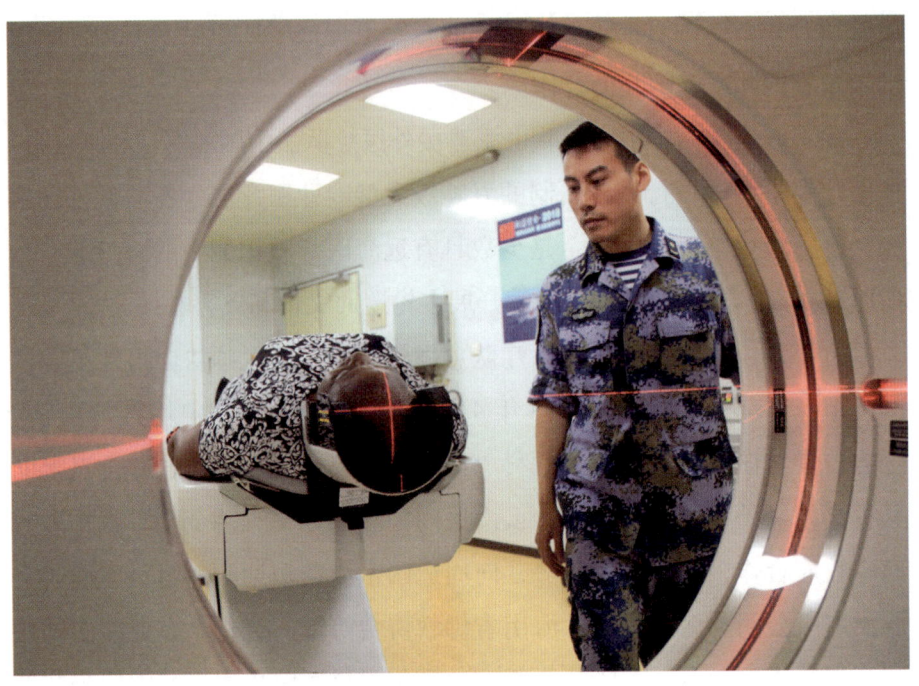

自2008年以来，和平方舟医院船累计航程近20万海里，航迹远及37个国家，服务民众18万余人次。图为2018年和平方舟号访问格林纳达期间，中方医生为格民众进行CT检查。

会提出的"中非公共卫生合作计划"、在联合国60周年大会上提出的"100个妇幼健康工程"，更是将公共卫生合作提高到了新的层次。

非洲疾控中心（ACDC）项目是中国对外医疗卫生援助的旗舰项目之一。ACDC由非盟提议建立，总部设在埃塞俄比亚首都亚的斯亚贝巴，其核心内容是帮助非洲建立传染病监测系统，提高应急反应能力，包括疾病监测和信息、应急和响应、实验室体系、信息系统和公共卫生研究等五大板块工作。应非盟方需求，中国为ACDC建设提供了重要支持，截至2017年底，已全力推进多项工作，包括组织专家多次赴非盟总部和区域中心参与调研、规划和现场评估；派出疾控专家在ACDC总部工作，提供技术支持；帮助培养公共卫生人才，通过"走出去"和"请进来"相结合的方式加强非洲公共卫生官员和技术人员能力，分享中国在疾病防控领域尤其是疾病监测体系建设方面的经验。中国还将分期支持ACDC总部基础设施建设。临时总部自投入使用以来，已为非洲多次疫情爆发提供现场应急指挥、流行病学分析、疾病控制等支持，初现成效。

塞拉利昂的卫生体系在2014年埃博拉疫情爆发期间受到重创，中国第一时间向塞拉利昂派遣了疾控专家组、医疗队，援助了大量急需物资，运送了移动生物安全三级实验室（P3实验室），随后又援建了固定P3实验室，并提供技术援助。疫情过后，固定P3实验室作为塞拉利昂少数国家公共卫生实验室之一，一直发挥着重要疾病监测作用。中国专家长期为实验室提供技术支持，并以其为依托开展了多项联合研究与公共卫生干预项目。

近年来，公共卫生干预项目领域的援助规模逐渐上升。与临床项目相比，公共卫生项目的人群覆盖通常更为广泛。中国在重点传染性疾病如疟疾、血吸虫病、乙肝的防控方面，以及重点人群如母亲和婴幼儿健康改善方面具备先进适宜的技术和成功经验，这些技术经验正在逐渐通过项目形式转化为受援国主导的疾病防控与人群健康改善项目。

疟疾是全球三大传染病之一，在许多发展中国家依然普遍流行。目前使用的抗疟药青蒿素由中国专家屠呦呦首次提取，这一发现为全球抗疟事业作出重大贡献。屠呦呦因此获得2015年诺贝尔生理医学奖。中国的疟疾防治策略在国内取得显著成效，2017年中国首次实现全年无本地疟疾感染病例报告。中国专家将中国的有效经验推广到其他发展中国家，先后于2007年、2012年和2013年在科摩罗所属莫埃利岛、昂岛和大科岛地区实施了复方青蒿素快速清除疟疾项目，超过220万人次参加全民服药。2014年，该岛实现了疟疾零死亡，疟疾发病人数下降98%，感染率从2006年的每千人142例下降为2.8例。项目结束后，专家密切跟踪疟疾流行率和疟原虫基因变异情况，防止发病率反弹。

血吸虫病严重危害非洲人民身体健康，尤其桑给巴尔是血吸虫病重度流行区，该国卫生规划将血吸虫病防治作为重点工作之一。中国专家赴桑给巴尔奔巴岛开展血吸虫病防治技术援助，首期选取3个试点地区，通过援建实验室、入户调查、现场采集、实验室检测、药物治疗、药物灭螺、健康教育等多种方式，不仅帮助当地大大降低了感染性水螺（血吸虫寄主）密度，降低了居民感染率，更构建了奔巴岛血吸虫病综合防控模式，制定了优化后的操作规范，并培训桑方人员，帮助提升其数据管理和疾病监测、防控能力。项目组通过队列研究和药物效果评估等科研活动，

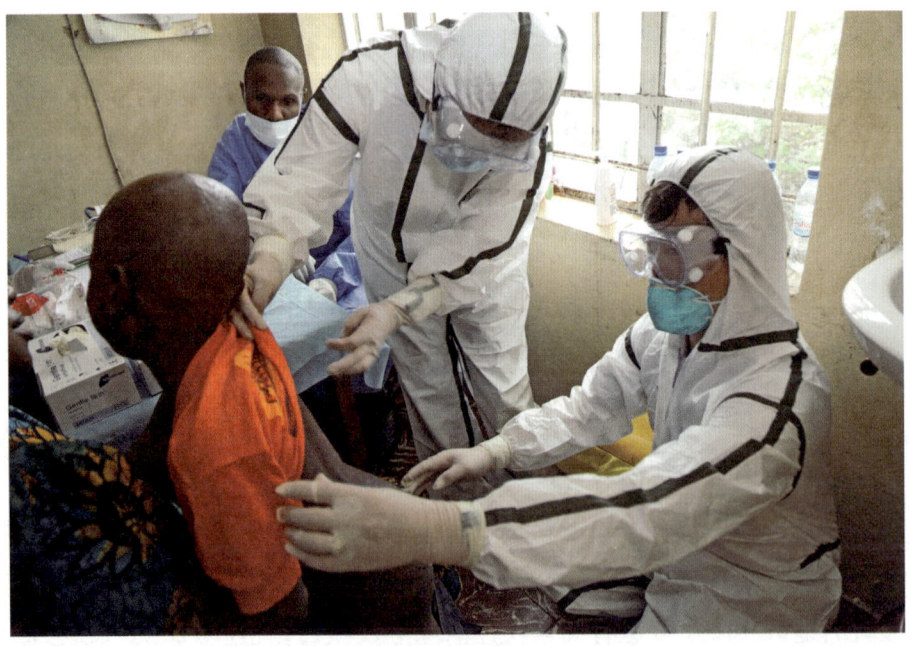

2014年，埃博拉出血热疫情在塞拉利昂等西非国家肆虐，中国向塞拉利昂派出了逾千名医护人员和公共卫生专家。图为中国援塞拉利昂医疗队队员在当地为患者接诊。

证明了中国技术和产品的有效性与优势。世界卫生组织邀请撒哈拉以南多国疾控专家到项目现场考察交流。项目进行一半时，桑政府便已决定扩大项目规模，为更多百姓造福，而桑方技术人员也认为中国专家帮助他们建立了可行的方案，自己的技术能力得到了很大提升，对在今后的工作中独立完成疾病监控与防治工作充满信心。

第二节
医疗卫生援助领域的新趋势

一、强调全民健康覆盖与医疗卫生体系建设

全球卫生发展的话语体系和项目设计理念随时代变化而改变。近年来，全民健康覆盖和卫生体系建设逐渐占据话语体系顶层。原因主要有两个，一是对比联合国千年发展目标（MDGs）与2030年可持续发展目标（SDGs）中医疗卫生领域相关目标的设定，可看出随着千年发展目标取得阶段性成果，全球卫生的关注点更为分散，只有全民健康覆盖这样宏大的概念能够将尽可能多的议题纳入进来，各方以此寻求最大公约数。二是2014年埃博拉疫情肆虐暴露出医疗卫生体系的脆弱，促使人们更加关注医疗卫生体系的健全性与韧性，更加关注全领域服务和产品的可及性。2018年5月世界卫生大会上通过的《世卫组织第十三个工作总规划》将全民健康覆盖放在了非常重要的位置。

二、重视卫生突发事件预防与处置

近年来全球生物威胁呈现影响国际化、危害极端化、发展复杂化的特点，公共卫生突发事件频发，缺乏灵敏的疾病监测体系和反应迅速且充足的应急响应储备，突发公共卫生事件的响应以及预防措施成为全球关注的焦点。2015 年，世界卫生组织在埃博拉疫情过后迅速改革其疫情和突发事件工作管理和组织构架。2017 年，流行病应对创新联盟（CEPI）成立，致力于为世界卫生组织公共卫生研发清单上的优先疾病研发疫苗，该联盟资金承诺已超过 6.3 亿美元。主要传统援助国高度关注疫情信息获取的及时性，如美国疾控中心（USCDC）与非洲疾控中心（ACDC）

2016 年 1 月 13 日，几内亚总统阿尔法·孔戴向中国援助几内亚第 24 批医疗队队员颁发总统府奖状，表彰他们为抗击埃博拉疫情、发展几内亚医疗事业所作出的贡献。

建立了密切的信息共享关系。此外，已经有研究机构开发出复杂的计算模型，整合多个来源的地理数据，预测传染病的流行风险。

三、直面卫生发展援助新议题

当今三大传染性疾病和母婴健康等全球卫生传统核心议题尚未解决的，新的卫生发展援助议题又不断涌现，如全球疾病负担的流行病学转变。随着经济发展水平的提升和传染性疾病控制的阶段性进展，影响全球发病率与死亡率的主要因素首次从传染性疾病转向慢性非传染性疾病，全球 2/3 的死亡病例由非传染性疾病导致，这其中 80% 发生在低收入和中等收入国家。即便是在传染性疾病普遍流行的国家，非传染性疾病也带来双重疾病负担，而这些国家的卫生体系通常十分脆弱。再如气候变化、地区冲突和难民移民问题带来的健康威胁。气候变化不仅直接对人群造成影响，如空气污染是呼吸系统和心血管系统疾病的主要危险因素，同时也会造成间接但棘手的麻烦，如通过影响一些疾病媒介（如蚊虫、野生动物）的存活时间和生活区域进而对人群造成负面影响，或通过影响农作物的生长对部分人群的营养供给和生存保障带来威胁。与此同时，地区冲突和难民移民的激增对冲突地区和接收难民移民地区的卫生体系都形成巨大负担。

四、积极探索将科技创新融入医疗卫生援助

目前全球信息及通信技术（ICT）发展迅速，人群覆盖率急速上升，有机构预测未来医疗卫生领域或也将因此迎来颠覆性发展，而这一颠覆性的发展将不仅局限在发达国家。有效运用 ICT 能够帮助发展中国家化

解卫生系统中最难以克服的障碍，包括资金短缺、设备材料供应不足、医务工作者稀缺、公众基本疾病常识缺乏、医疗卫生服务基础设施不健全等。目前 ICT 在发展中国家的覆盖率已达到较高水平，且技术不断更新升级，这或许可以帮助发展中国家实现医疗卫生体系的跨越式发展。许多发展援助机构已看到 ICT 的潜力，在发展中国家积极试点移动医疗、医疗信息化管理、远程医疗培训等项目，中国也开展了若干远程医疗援助试点项目。目前已有许多成功案例，但尚未形成规模影响。

在促进全民健康覆盖的过程中，如何解决"最后一公里"问题，一直是国际发展援助领域的重大难题。随着创新技术的迅速发展，将无人机应用于促进全民健康覆盖，逐渐成为国际组织、援助国以及受援国政府和企业共同关注的话题。无人机可飞跃复杂地形，将急需的医疗卫生产品及时投送到其他交通工具短时间内难以到达的地区，也可以在非紧急状态下为医疗卫生产品的供给提供保障，在医疗卫生工作者紧缺的地区提高医疗卫生产品的可及性。对于无人机在全球卫生领域的应用，许多组织和机构已经作出有益尝试。如联合国儿基会与马拉维政府共同建立了无人机走廊；卢旺达卫生部与美国企业开展按服务付费的商业合作等。

五、卫生援助筹资进入平台期，非国家主体影响力提升 [①]

2017 年，全球卫生发展援助筹资额达 374 亿美元，与 2016 年基本持平。事实上，从 2010 年起，全球卫生发展援助筹资便已增长乏力。提高资金分配效率和公平性，是夯实既往成果、推动全民健康覆盖的关键。

---

① 本标题下引用数据来源：美国健康指标与评估研究所（IHME）《2017 年卫生发展援助筹资报告》。

从资金来源看，2017 年第一大资金来源为美国政府（124 亿美元，33%），其次为英国政府（33 亿美元，8.8%）和盖茨基金会（32.6 亿美元，8.7%），其他慈善机构的筹资总额与盖茨基金会基本持平。非国家主体不仅筹资规模进入全球前三，其在技术产品研发、创新解决方案、卫生发展援助议题设定上的影响力也不断提升。从筹资机构看，双边援助机构约占 30%，其余主要为多边发展机构和公私合作机构，例如，全球抗击艾滋病、结核和疟疾基金和全球疫苗免疫联盟（GAVI）分别支出46 亿和 15 亿美元，已超过世界卫生组织和世界银行支出总和。从援助领域看，2017 年 31.0% 的资金用于母婴儿童健康，24.2% 用于艾滋病防治，11.3% 用于卫生体系建设。1990—2017 年，全球卫生发展援助总额5940 亿美元，多数卫生领域援助资金在 2000—2010 年间增幅最大，但母婴儿童健康、其他传染性疾病和慢性非传染性疾病的高速增长期则在2010—2017 年，说明与三大传染性疾病相比，上述领域在近几年获得的关注明显提升。

六、美国的政策摇摆带来诸多不确定性

作为全球最大的卫生发展援助捐助方和项目实施方，美国的医疗卫生援助政策和立场会影响全球卫生发展合作形势。2016 年特朗普就任美国总统以来，美国的全球卫生政策变动较大，一是计划大幅削减全球卫生预算，2018 财年其全球卫生预算申请较前年下降 25%，基本回到2007 年水平；二是特朗普政府的反堕胎"墨西哥城政策"将严重影响发展中国家计划生育、生殖健康、妇幼保健工作的推进；三是全球卫生安全作为美国国家安全核心议题的重要性可能降低。2018 年 5 月，美国国家安全委员会全球卫生安全与生化防御主任蒂莫西·齐默突然卸任，其

团队也被解散，这意味着美国国安委中将不再有专门负责全球卫生安全的高级官员。此前，白宫另一位主张制定全球卫生安全相关战略的国土安全顾问也被调离国安委。白宫中全球卫生安全领导力的缺失可能会影响美国主导的全球卫生安全倡议（GHSA）推进，进而对有关国家疾控体系建设推进造成影响。

七、发展中国家疾病与健康趋势 [①]

（一）母婴健康

保护母婴健康是千年发展目标（MDGs）和可持续发展目标（SDGs）的重要内容。从 1990 年至今，全球孕产妇死亡率已降低过半，但目前每年仍有约 30 万名女性死于孕期或分娩相关疾病，其中 99% 的死亡病例发生在低收入和中等收入国家。要进一步降低孕产妇死亡率，需要确保女性在孕期、分娩期和分娩后可获得高质量的医疗卫生服务，包括计生服务。目前在低收入和中等收入国家仅有不到一半的分娩是在技术熟练的卫生工作者协助下进行的，同时全球约有 40% 的孕妇无法获得早期产前保健。

5 岁以下儿童死亡率较 1990 年也已下降超过半数，但 2016 年仍有约 500 万名 5 岁以下儿童死于可预防或可治疗的疾病，这意味着每天都有 1.5 万名儿童在 5 岁前死去，其中有将近一半是在出生后 28 天内，而这些死亡绝大多数仅需要采取简单的措施即可避免，包括新生儿窒息复苏、使用抗菌剂以防止感染、进行母乳喂养以增强免疫系统等。事实已

---

① 本标题下引用数据来源包括：世界卫生组织《世界卫生统计 2018》、比尔和梅琳达盖茨基金会 Goalkeepers2017 年年度报告、美国健康指标与评估研究所（IHME）截至 2018 年 5 月公布的数据。

证明，只要将相关措施作为优先事项进行推进，即使在低收入国家也是可行的。

目前全球有 2000 万名儿童没有接受过任何免疫接种，每年有 150 万名婴幼儿死于计划免疫的缺失。实际上许多技术上的问题已经在近十几年得到解决，比如如何在基础设施非常差的地区保证疫苗始终处于低温环境。归根结底，这些简单的服务与产品的可及仍有赖于覆盖广泛且可负担得起的卫生服务体系。最难覆盖的人群一般处于边远地区和战乱地区，而全球难民和移民问题使情况变得更加复杂。

目前全球约 22% 的 5 岁以下儿童生长迟缓，其中 3/4 在东南亚地区和撒哈拉以南非洲地区。2017 年，约 5100 万名 5 岁以下儿童体重过轻，

中国红十字援外医疗队在阿富汗开展先心病患儿筛查救助行动，按照"优先救济最紧迫者"的原则，选择患儿来华接受免费手术治疗。

同时有 3800 万名儿童超重，这种"双重营养不良负担"在东地中海地区尤其严重。

母婴健康的一个重要影响因素是计划生育和生殖健康服务的获取。目前全球约有 2 亿名已婚或处于事实婚姻的女性无法获取科学避孕措施。每年有 1280 万名 15—19 岁的女性进行分娩，早育对母亲和婴儿的健康都具有一定危害。

（二）传染性疾病

目前，艾滋病防治取得阶段性进展，但遇到瓶颈。随着 2000 年以后大量资金涌入艾滋病防治领域，艾滋病发病率在 2005 年达到峰值并开始下降，目前已下降一半。但由于该领域援助资金水平近年来未见增长，发病率下降趋势可能被逆转。2016 年，约有 100 万人死于艾滋病相关疾病。

消除结核病的进展明显滞后。可持续发展目标包括 2030 年前消除结核病，为达到上述目标，结核病年发病率下降速度应在 2025 年前达到每年 10%，但是目前仅为 1.3%。2015 年，共有约 130 万名患者死于结核病及其并发症，其中有 20 万人为艾滋病阳性患者。当前结核病防治面临两大挑战，一是愈发严峻的细菌耐药性问题，二是如何及早发现和诊断结核病例。

消除疟疾工作进展良好，2016 年全球共有 2.16 亿例疟疾病例，相比 2010 年发病率降低了 13.4%。目前全球 80% 的疟疾疾病发生在撒哈拉以南非洲地区。虽然进展可喜，但 2017 年世界疟疾报告显示，消除疟疾工作已进入平台期，尤其是随着部分受援国"摘帽"，疟疾防治筹资将出现缺口，事实上部分国家发病率已出现反弹。

被忽视热带性疾病（NTDs）是一组传染性疾病，包括血吸虫病、包虫病、淋巴丝虫病、麦地那龙线虫病、非洲锥虫病（嗜睡病）等，每年约有 16 亿人感染该类疾病。治疗和预防 NTDs 的技术已基本得到开发，但是如何让这 16 亿人获得必要的服务和提高疾病防治意识是最大的挑战。

（三）非传染性疾病与伤害

非传染性疾病是目前全球首要死因，占年死亡人数的 60% 左右，每年导致 3600 多万人失去生命。80% 的非传染性疾病死亡发生在低收入和中等收入国家。2018 年上半年，联合国举行了非传染性疾病高级别会议，评估有关工作进展。

精神健康是近年来国际社会日益关注的议题，2016 年自杀事件造成约 80 万人死亡。自 2000 年以来，道路交通伤害死亡人数有所增加，2013 年达到 125 万例。低收入国家的道路交通伤害死亡率比高收入国家高出 2.6 倍，尽管低收入国家车辆拥有率较低。2016 年全球约有 18 万人死于战争和冲突，且不包括由战争和冲突所引发的疾病传播、营养匮乏、卫生服务体系坍塌导致的死亡。2012—2016 年的地区冲突所导致的死亡率是 2007—2011 年的 2.5 倍。

（四）全民健康覆盖与卫生突发事件

当今全球约有一半人口无法获得适当的基础卫生服务。2010 年，约有 9700 万人因高昂的医药费用致贫。当前，低收入和中等收入国家在初级卫生保健上的开销仅占医疗卫生总支出的 1/3。2007—2016 年，全球共有 76 个国家报告每千人医生数小于 1 人，87 个国家报告每千人护士或助产士数少于 3 人。低收入国家医药产品严重依赖进口，尤其是非洲国家，如埃塞俄比亚的进口依赖度已达 85%，对人群健康乃至国家安全造成隐患。

在发展中国家，特别是撒哈拉以南非洲地区，公共卫生体系普遍不健全，安全风险应对能力较弱，加之受经济困难、极端天气和武装冲突以及难民等因素叠加影响，近年来埃博拉出血热、寨卡病毒、黄热病、中东呼吸综合征、登革热等疫情屡有发生，个别疫情规模史无前例。根据 2017 年世界卫生组织请各缔约国对应对卫生安全威胁的 13 个核心能力进行的自评结果显示，各国核心能力平均只达到七成水平，而实际水平很可能还要低于自评结果。

第三节
中国方案展望

60多年来，中国的对外医疗卫生援助为全球卫生事业发展作出了重要贡献，并已形成较大援助规模和多层级、多领域援助构架。随着近年国家重大战略的提出、全球生物安全形势的发展、受援国需求的转变以及国际援助实践的变化，中国医疗卫生领域援助也相应作出调整。新时期，医疗卫生援助的战略重要性应进一步提升，须抓好顶层设计，将资金适当向公共卫生领域倾斜，注重医疗卫生体系建设和能力建设，积极探索慢性非传染性疾病防治、药品本地化生产、ICT医疗等新领域新议题。应进一步突出人道与人文关怀，坚持长期性阶段性投入，注重资源统筹，拓宽筹资渠道，探索形成项目可持续发展管理模式，注重发展知识积累，开放合作，并在实践中不断调整提升。

一、加强医疗卫生体系建设，推动全民健康覆盖

第一，升级医疗卫生基础设施援助。中国对外医疗卫生基础设施援助已形成较大存量。应适时全面评估既有援建项目情况，尤其针对可持

续运营问题，综合考量国内配套条件，有所取舍，形成重点突出、模式可行、成本可控的工作方案。专科机构建设应优先考虑那些中国具有技术优势、国内资源相对充分、受援国医疗财政 / 保险体系可保障机构基本运行、与当地主要临床机构错位发展的重点科别。对于受援国提出的新建项目要求，应加强战略统筹，把握节奏，提高立项水平，结合受援国实际情况，认真研判新建设施的选址、规模、功能。特别要与受援国共同协商确定可行的后续运营管理模式，明确各相关利益方的责权利。以发展目标为导向，突破单纯依靠援助资金的传统思路，创新筹资模式，辅以有效的能力建设方式，实现设施的可持续发展。针对发展中国家医疗资源分布严重不均的问题，在援建机构层级安排上，可考虑扩大初级

2014 年 10 月 15 日，尼泊尔柯依拉腊肿瘤医院进修人员开学典礼在河北省胸科医院举行。柯依拉腊肿瘤医院是由中国政府援建的尼泊尔国内最大的肿瘤专科医院，已有百余名中国医生前往该医院工作。

卫生保健机构（如乡镇卫生中心、基层卫生站等）比重，有关工作应结合受援国区域卫生发展规划、人力资源开发计划和中国开展的公共卫生基层干预项目统筹考虑。

第二，设计并实施医疗卫生人才计划。结合受援国需求、中国优势技术和经验以及中国开展跨国联防联控、医药产业合作等战略需要，针对政策、技术和管理三个层面，设计并实施医疗卫生人才计划，促进发展中国家全民健康覆盖。在政策层面，应重点分享中国医疗卫生事业发展适宜经验，着重介绍政策落实过程中的具体策略和措施，并客观阐释与受援国实施背景条件差异。可着重发掘中国在经济发展落后时期如何在资源匮乏条件下快速控制传染病、保障母婴健康、搭建基层卫生体系网络，以及在改革开放后如何有效借助国际援助推动医疗卫生服务体系升级和全民健康覆盖的经验，与受援国分享。此外，医药产业投资促进、公共卫生政策规划、公共卫生应急能力规划、医药产品质量监管、传统医药发展等政策领域也应重视。在促进受援国人力资源开发的同时，推动双方在相关领域的交流合作。在管理层面，重点结合医疗基础设施援建项目，开展医院管理和公共卫生设施管理研修。在技术层面，一是针对高端医学、公共卫生专业人才，开展学历学位教育，培养学科带头人；二是针对大多数临床、公共卫生专业人员和工程师，开展短期培训，提升职业水平；三是针对基层医务工作者，开展"走出去"培训，扩大影响范围。

二、助力疾控体系建设，实施公共卫生项目

一是落实重点旗舰项目。落实非洲疾控中心（ACDC）项目，支持非洲公共卫生能力建设，为非洲公共卫生人员提供培训、学历学位教育，

支持非洲疾控中心和非洲国家开展公共卫生突发事件应对和疾病监测能力建设。为 ACDC 提供基础设施支持，派遣专家承担 ACDC 重要技术岗位，开展信息系统与实验室合作，依托 ACDC 平台倡导公共卫生政策，设计、开展公共卫生项目。落实塞拉利昂西非热带病研究与防治中心项目，与现有的中国援建中塞友好医院、固定 P3 实验室及塞拉利昂大学医学院共同形成塞拉利昂传染病防控、临床诊疗和医学教育基地。进一步选取重点国家开展疾病监测体系、应急反应队伍建设、重点疾病领域规划合作等疾控体系援助。

二是选取重点领域实施公共卫生干预项目。在疟疾领域，总结已开展的综合防治项目、抗疟中心项目、青蒿素药物等抗疟物资捐赠项目经验，并以此为基础，在确保有效性、安全性前提下，开展疟疾监测系统建设及综合防控项目，密切跟踪项目后续效果。继续推动大湄公河次区域疟疾消除联防联控。在血吸虫领域，发挥中国经验和技术优势，总结桑给巴尔试点成功经验，在非洲推广血吸虫病防控项目。在妇幼领域，落实 100 个妇幼健康工程项目，开展基层母婴保健项目推广。在病毒性肝炎领域，支持重点国家开展乙肝、丙肝等疾病负担研究，开展乙肝接种推广项目。在部分慢性非传染性疾病领域，开展慢病流行病学调查，试点干预措施。项目实施过程中，积极与世界卫生组织、联合国儿基会、盖茨基金会、全球基金、GAVI 等组织探讨合作，在项目落实与中国经验推广等方面相互借力。

三、投援结合，推动受援国医药本地化生产和医疗设施可持续运营

帮助受援国健全医药投资激励机制，完善引资政策。可在现有援外

人力资源开发合作、高级顾问派遣、政策规划援助基础上，结合海外工业园区建设、对外投资促进等工作，整合资源、精心设计，通过援助渠道成体系、有针对性地介绍中国经验。在条件成熟情况下，帮助受援国制定医药产业发展规划和招商引资政策、培育投资管理团队。邀请受援国家官员来华参观、与药监部门交流医药监管经验，推动质量监管体系建设。支持发展中国家开发产业人才培养方案，选取重点国别、重点产业开展人员培训。支持大学间合作建设重点学科，扩大人才储备，提升研发能力水平。开拓对外医药产业投资融资渠道，可考虑在南南合作基金下设立对非医药产业投资促进子基金，明确促进非洲医药产业发展和当地基本药物可及性的总体目标，设定社会影响、商业可持续性、人才培养要求等具体指标，以适当方式支持条件成熟的医药投资项目。充分考虑借助世界卫生组织、世界银行、盖茨基金会等国际组织和致力于促进医药产业发展机构的力量，形成合力，控制风险。探讨企业参与援建医院或诊断中心后续运营管理。在项目周期前期引入市场化机制，鼓励具有良好医疗机构运营管理经验的企业赴受援国开展市场调研，探索发挥援建基础设施平台作用模式，共同探讨投资运营管理可行性。

第八章

农业与减贫援助

　　农业与减贫事关发展中国家民众的生计与生活，对国家发展具有举足轻重的作用。中国在农业与减贫领域取得的巨大成就，为中国在该领域的对外援助提供了良好的基础。一直以来，中国以发展中国家不同的农业与减贫需求为指引，提供了大量卓有成效的援助，形成了独具特色的农业与减贫援助的"中国方案"。

第一节
中国对外援助在农业与减贫领域的实践

中国是传统农业大国，靠世界 10% 的耕地和 6.5% 的水资源养活了占世界 20% 的人口。改革开放以来，农业和农村的发展为中国经济转型和快速增长奠定了基础，并在中国大规模减贫过程中发挥了重要作用。中国在实现粮食安全和促进农业农村发展领域积累了丰富经验，具有普遍认可的援助优势。

农业在广大发展中国家是关系国计民生和独立自主的基础性产业，同时农产品出口也是一些国家外汇收入的重要来源。许多国家农业发展潜力巨大，但由于长期以来投入不足、基础设施落后、技术管理水平不高、市场化程度低，加上干旱、飓风、洪水等自然灾害和气候环境变化带来的不利影响，粮食不能自给，吃饭问题难以解决，农业促进减贫和经济发展的作用无法充分发挥。农业一直是中国对外援助的重点优先领域，近年来，中国的农业援助更加系统化和多样化，为帮助发展中国家加快农业发展、实现粮食安全和脱贫减困发挥了积极作用。

一、提升农业生产水平

许多发展中国家农业技术落后，农产品单位产量不高，生产效率低。中国从多方面切入，积极帮助受援国提高农业生产水平。

（一）以受援国当地生产条件为基础的技术引进和推广

中国面积辽阔，气候、地理等自然条件多样，拥有从事各类农业生产活动的技术能力，且以农村家庭为主的生产组织方式与大部分发展中国家类似。多年以来，中国坚持向受援国派遣农业技术专家，不断创新农业技术培训形式，以技术提升为核心，将良种繁育、试验试种与示范种植、技术推广结合起来，传授贴近当地需求的适宜技术，并通过先进机械设备等的使用，向当地展示现代农业科技的进步，增强新技术对当地农民的吸引力。

推广优种杂交水稻和玉米是中国援尼泊尔农业技术合作项目的重要内容。中国杂交水稻在尼泊尔的栽培示范种植进展顺利，图为喜获丰收的当地农民。

农业生产的特殊性决定了技术引进必须从在当地进行生产试验起步。中国的农业技术专家挖掘农业发展潜力，为受援国试验成功大量高产新品种，填补了其农业技术空白，增强了受援国发展农业的信心。例如，中国农业专家专门为没有灌溉系统的几内亚比绍培育了水稻良种"Sabel 12"，比当地传统水稻品种产量在旱季增产385%，雨季增产26%。中国为帮助突尼斯发展渔业养殖，开展对虾养殖中心项目，填补了突尼斯对虾养殖的空白。中国独有的菌草技术在卢旺达、巴布亚新几内亚、斐济等多个国家成功试验推广，为当地农民致富提供了新的出路。

专栏 8-1：中国援格鲁吉亚蔬菜种植大棚技术合作取得突破

格鲁吉亚素来享有"上帝后花园"的美誉，自然条件得天独厚，但其蔬菜需求的60%却依赖进口，冬季更是无法生产。自2015年4月起，在仅仅2年多的时间内，中国援格鲁吉亚蔬菜大棚种植技术合作项目的专家在当地引进日光温室技术，通过采取集约化育苗、蔬菜嫁接、高产栽培等技术，先后对瓜类、茄果类、豆类、叶菜类、甘蓝等共计30个品种进行了种植试验。由中方指导培育的蔬菜的品质、抗病性、成熟期等远优于当地品种，且产量提高了50%以上。格农业部部长给予了高度评价，认为"中国日光温室技术是真正适合格国情的技术，如果大面积推广，将会是解决格蔬菜自给自足难题的最好途径"。

农业技术在受援国试验成功之后，通过示范农户种植、现场培训等方式，为当地民众所接受并大面积推广，创造了就业，也提高了农业产量。例如，中国援助多米尼克的农业技术合作项目园区每个月都有数以百计的农户、学生前来参观学习；中国专家也与多农业推广官员一起深入田间地头，开展现场指导和技术扶持。仅在2014年，专家组就举办了140余次农业推广培训，累计培训农户3000多人次，开展农机服务80余次。

中国援埃塞俄比亚农业职业教育技术合作项目自 2001 年启动以来，累计为埃塞培训了 5 万多名农业人才，帮助埃塞逐步建立起了适合当地需求的农业职教体系。

中国援助尼泊尔的农业技术合作项目实施以来，在尼泊尔共设立了 5 个杂交水稻试验点，完成了 67 个中国杂交水稻品种的品比试验，筛选出一批适合尼泊尔不同区域、表现优秀的杂交水稻品种，并进行高产栽培示范。2017 年示范农户种植的中国杂交水稻亩产 460—600 公斤，比以往收成增加 2—3 倍，他们纷纷表示要拿出更多土地种植中国杂交水稻。

在农业技术培训领域，除了扩大在中国国内举办的各类农业技术培训班规模之外，中国近年来还在受援国当地举办培训活动，以更好地结合受援国的具体生产条件和农业生产中遇到的技术困难，更有针对性地提供培训指导，帮助学员尽快把所学应用到实践中。2016 年 6 月，中国首次在援外培训框架下派遣专家赴科特迪瓦举办水稻技术培训班，并随后迅速向更多国家扩展，如在厄瓜多尔举办农产品增产海外技术培训班，在桑给巴尔举办水产养殖技术海外培训班，在东帝汶举办咖啡品种改良与产后加工技术海外培训班等。

（二）以农业生产为核心的农业投入支持

农业是需要长期大量投入的产业，但是许多受援国往往在农业投入方面能力有限，导致灌溉水利等农业基础设施落后，小农户缺乏种子、化肥、农业机械等生产资料，严重制约了农业生产水平的提高。中国在力所能及的范围内，帮助解决受援国农业生产过程中的投入瓶颈问题。许多农业援助与正在进行的农业技术合作互相配合，既确保了各类投入能够有效使用，又为技术援助的实施提供了物质保障。在过去5年中，中国向吉尔吉斯斯坦援助了灌溉系统改造项目，向乍得援助了化肥等农用物资，向尼日尔援助了水泵及零配件，向斐济援助了水稻联合收割机、插秧机、直播机、拖拉机等农用机械设备。

（三）以农业科研和人才培养为目标的能力建设

受援国对农业援助的需求是长期和巨大的。中国致力于支持受援国提高农业科研水平，并帮助培养受援国自己的农业技术力量。中国政府在2015年中非合作论坛约翰内斯堡峰会上宣布实施的"中非农业科研10+10"计划，就是为了推动中国的农业科研机构与非洲伙伴合作，快速提高非洲农业科研水平。中国还援助了格林纳达农业综合楼，涵盖种苗培育试验、恒温实验、会议、办公、住宿等多项功能；在多个国家如柬埔寨、吉尔吉斯斯坦、东帝汶等援建了动植物检验检疫试验室和农业实验室。在受援国农业技术人才培养方面，除了继续延续埃塞俄比亚农业职业教师项目，中国还帮助巴巴多斯建设了农业培训学校，帮助柬埔寨建设了桔井农业技术学校。

2017 年 4 月 18 日，由中国援建的柬埔寨王国桔井农业技术学校项目交移仪式在金边举行。

（四）以可持续发展为理念创新生产方式

农业是大量消耗自然资源的产业，也是易受自然灾害和气候变化影响的脆弱部门。中国坚持帮助受援国以可持续方式进行生产，在许多国家推广沼气技术和循环农业生产技术，并在受援国农业遭受自然灾害时予以及时援助，帮助其恢复生产。例如，2013—2015 年实施的中国援助密克罗尼西亚农业技术合作项目，除示范推广种植食用菌、蔬菜等农产品外，还新建了 12 个沼气池。中国在汤加实施的农业技术合作项目，引进了"猪—沼—菜"的绿色生产模式。2015 年为帮助老挝应对其北部爆发的蝗虫灾害，中国除提供自走式喷雾机、背负式动力喷雾机、防护服、防护口罩、防护手套、溴氰菊酯乳油等紧急物资外，还为老挝提供了灭蝗技术培训。

二、支持农业综合发展

农产品生产只是农业全产业链的环节之一，农业发展需要综合施策。近年来，中国加大力度，支持受援国的农业综合发展。

（一）重视对生产后环节的援助

农产品生产后的储存加工和提高附加值也是中国农业援助的重要内容。中国除在农业技术培训中纳入生产后环节的管理经营等内容外，还在许多国家援建了农产品加工厂。例如，帮助东帝汶建设粮仓和粮食加工厂，大幅提高了农民种粮、卖粮、加工粮食的积极性。中国还在赞比亚援建了玉米粉加工厂，在古巴援建了猪牛屠宰厂，在佛得角援建了农产品初加工中心。这些生产后环节的援助有力地促进了当地农业生产，有助于提高农民收入。中国在农业援助领域的重要新平台——农业技术示范中心，除了从事传统的农产品试种、示范和推广培训等技术援助外，还承担着向受援国示范展示农业全产业链发展的任务，包括生产、储存、加工和销售等整套过程，向受援国分享农业综合经营的先进经验。

（二）带动商业力量参与农业发展

近年来，中国的农业援助更加重视探索带动商业力量和市场化经营元素参与受援国的农业发展，旨在提升农业援助效果的持续性。

一方面，随着中国农业市场化主体的增多和力量增强，中国在向受援国派遣农业技术专家时，除了依靠农业科研院所等传统渠道外，越来越多地借助中国企业的力量。这些企业或者在某一专业农业领域拥有技术优势，例如袁隆平农业高科技股份有限公司在杂交水稻方面的优势，或者拥有丰富的海外经营经验，能够快速地动员农业技术资源并很好地适应所在国的工作环境，在短时间内体现农业援助效果。

另一方面，农业技术示范中心在设计之初就包含带动中国农业企业"走出去"的目标。其具体实施通常都是由中国各地方政府按照"一省对一国的对口负责制"模式，推荐地方农业龙头企业、农业科研机构或具有对外合作经验的企业到海外承办示范中心。按照农业技术示范中心的"三步走"规划，在完成基本建设和三年技术合作之后，示范中心进入商业化运营阶段，由实施企业自主投资，依托示范中心与受援国开展产业化合作。农业技术示范中心在许多国家取得了良好效果，有效带动了中国许多省份的企业到受援国进行农业投资，开展化肥、种子、农药、农机具和试验设备等方面的农业合作，提升了受援国农业市场化程度。

专栏 8-2：中国援苏丹农业技术示范中心结硕果

中国援苏丹农业技术示范中心由山东对外经济技术合作集团有限公司与山东省农业科学院联合承担实施，经过多年发展取得了丰硕成果，成为中国援助非洲农业合作的典范。该中心先后从国内引进900多个作物品种在苏丹多个州进行适应性试验，选出适合苏丹气候特点的高产品种，部分品种通过苏丹国家推广认证。在此期间，还帮助苏丹国家生物技术和生物安全研究中心建立了一套转基因棉花鉴别和控制体系。而示范中心研发的棉花品种"中国1号""中国2号"在苏丹大规模推广应用，种植面积占苏丹棉花种植面积的95%，累计种植面积达到1200万亩，为当地农民增收和脱贫提供了重要支撑。在示范中心基础上，中国的新纪元公司通过租用土地繁育良种、与当地农户合作种植等方式，逐步扩大经营规模，已在拉哈德灌区形成集棉花良种繁育、种植、加工、贸易为一体的较为完备的产业链，使当地合作农户收益逐年增加。

（三）支持农业发展政策规划

中国的发展经验表明，农业发展离不开国家政策支持和具有操作性的发展战略。中国的农业援助也积极融入受援国自身的农业发展战略，并积极为受援国农业发展出谋划策。例如，中国在科特迪瓦实施的水稻技术合作项目自 1997 年开始，历经九期合作，项目所在的格格杜垦区已是该国闻名的水稻种植基地，有效支持了科特迪瓦"稻米自给"战略计划的实施。中国援坦桑尼亚农业技术示范中心的专家赴桑给巴尔奔巴岛开展技术指导，帮助当地农户解决病虫害危机，还向桑给巴尔政府提交了《关于到奔巴岛大棚蔬菜种植区技术考察的报告》，报告包括奔巴岛大棚蔬菜种植现状、技术评价、种植技术要点与建议等内容，得到桑给巴尔政府官员和当地农业公司的高度评价和肯定。

三、扩大农业援助领域的国际合作

中国自身农业发展的巨大成就和农业援助领域取得的积极成果为国际社会广泛关注，中国以此为基础，加大了与其他援助方和国际组织在农业援助领域的合作力度，发挥各自比较优势，帮助受援国发展农业。

（一）不断扩大与联合国机构的合作

联合国从事农业领域工作的两个机构粮农组织和粮食计划署是中国的重要合作伙伴，中国与两大机构的合作日益扩展和深化。

其中，粮农组织—中国南南合作计划始于 2008 年，中国政府向粮农组织捐赠了 3000 万美元，作为双方南南合作信托基金的启动基金；2015 年中国又向该基金提供了 5000 万美元的资助，用于支持发展中国家建设可持续的粮食系统和具有包容性的农业价值链。粮农组织—中国南南合作计划迄今已经为 2 个全球项目和在 11 个国家实施的 13 个项目提供了支持，项目实施的国家包括刚果民主共和国、埃塞俄比亚、利比里亚、马拉维、马里、蒙古、纳米比亚、尼日利亚、塞内加尔、塞拉利昂和乌干达。该计划已向项目国成功转让450多项实用技术，对约300种适宜作物、蔬菜等品种进行了试验，对新环境条件下的产量和气候敏感性进行了评估。为促进当地对先进种植和育种技术的掌握，对3万多名当地农民和农业技术人员进行了实地培训。除此以外，为应对处于粮食不安全状况下人口的紧急粮食需求，中国不断扩大通过联合国粮食计划署进行紧急粮食援助的规模，发挥其专业能力和渠道优势，配合中国的双边粮食援助。

（二）积极探索农业援助三方合作

在坚持"受援国提出、受援国同意、受援国主导"原则前提下，中国在农业领域与美国、瑞士、葡萄牙、英国等多个援助方开展了卓有成效的三方合作，实施了多个符合受援国农业发展需求的合作项目，惠及受援国广大农业人口。中国与美国、东帝汶的三方农业合作项目，在第

2018年10月29日，中国援非农业项目研究报告发布仪式在纽约联合国总部举行，该报告发布仪式由中国国家国际发展合作署与联合国开发计划署共同举办。

一期项目顺利实施完成的基础上，2016 年 10 月开始探讨实施第二期水产养殖合作项目。此外，中国与葡萄牙在东帝汶举办了中葡东三方合作海产养殖技术培训班；与瑞士联合完成中国援老挝农业示范中心的后评估项目，就援外项目评估工作进行了深入交流。中国还正在探索与国际非政府组织在受援国的三方合作项目。例如，中国与盖茨基金会依托中国援莫桑比克农业示范中心，发挥各自优势开展三方合作，涉及科学研究、农业和畜牧业技术示范推广、能力建设、当地小农户对接、农产品加工、产业链搭建等具体领域，致力于帮助莫方提高主粮生产率、促进畜禽类养殖业发展，从而提高当地农民收入、改善营养状况和增强妇女权能。

四、实施农村发展减贫项目

受援国的大部分人口分布在农村地区，农村人口减贫是许多受援国实现国家减贫目标的关键。为此，中国在帮助受援国发展农业的同时，尤其关注带动农村人口的减贫脱困。除政府援助以外，中国的一些公益组织也走出国门从事减贫领域的援助工作，帮助受援国群众改善生存和生活条件，提高自我减贫的能力。

（一）改善农村人口生活条件

中国重视帮助受援国改善农村地区人口的清洁用水、医疗、教育等生活条件，提高农村人口生活质量。尤其在打井供水这一中国具有丰富经验的领域，中国提供了大量援助，满足受援国农村地区生产生活的用水需求。例如，2017 年 3 月中国援塞内加尔乡村打井供水项目启动，为塞全国 13 个行政大区的农村地区新建和重建水井 261 口，新建水塔 181 个，铺设供水管线 1800 公里，配套牲畜饮水槽 270 个。该项目将彻底解决塞农村地区用水难问题，满足 200 余万人的用水需求，同时为塞创造 3000 个以上就业岗位，带动培养一批工程技术人员，为促进塞经济社会全面发展发挥重要作用。

专栏 8-3：中国扶贫基金会在尼泊尔开展扶贫工作

中国扶贫基金会是中国规模最大的扶贫公益组织。2015 年 4 月尼泊尔大地震后，中国扶贫基金会在第一时间进入尼泊尔，提供震后紧急人道主义救助，并设立办公室从事扶贫工作，在教育、健康、社区发展等领域提供了一系列援助。几年时间里，中国扶贫基金会在当地先后开展了震后学校重建、爱心书包及文具发放、电脑教室与残疾人专业支持、乙肝筛查、健康知识传播等项目，总共惠及超过 1.6 万人。

（二）传授手工艺技术

针对大多受援国农村劳动力充足这一优势，中国根据不同农村地区的资源和基础条件，通过技能培训等方式传授多种手工艺技术，帮助当地农村人口就业和提高收入。例如，中国在利比里亚、卢旺达、埃塞俄比亚等多个国家传授竹藤编技术。2017 年中国在埃塞俄比亚举办了竹子手工艺加工技术海外培训班，重点讲授竹家具设计与制作、竹资源的可持续经营与管理、竹材防护处理等实用技术，使参与学员能利用所学技能进行创业。

（三）开展村级减贫示范项目

为更好地帮助受援国农村地区加快减贫，中国探索在一些地区进行

2018 年 8 月，38 名来自埃塞俄比亚的竹手工艺者在四川省泸州市纳溪区竹编基地参加竹产品生产与加工技术培训班。

村级减贫示范项目。2011 年中国国际扶贫中心在坦桑尼亚摩洛哥罗省佩雅佩雅村实施了促进社区发展示范项目，实地实践和示范中国通过推动农业和农村发展实现减贫的经验。项目实施 3 年多来，通过一系列培训提高村民技术能力，支持农民生产协作组织，强化村级组织能力建设，推广实用性农业技术，这种综合性新社区发展模式在坦桑尼亚产生了积极影响。

为落实李克强总理 2014 年 11 月在出席东盟—中日韩领导人会议期间提出的"东亚减贫合作倡议"，中国和东盟国家探讨实施"中国—东亚乡村减贫合作示范项目"。该项目 2017 年 3 月率先在柬埔寨、老挝、缅甸启动，主要由中国政府提供资金和技术支持，以中国扶贫开发"整村推进"的工作经验为样板，在合作国农村村级社区探索综合发展之路。

专栏 8-4：中国实施减贫援助总体框架

中国实施双边减贫援助总体上包括两个方面的内容。一方面是指通过援助减轻贫困带来的消极后果。从受援国国家层次看，中国多次宣布免除重债穷国和最不发达国家对华到期政府无息贷款债务，减轻这些国家的债务负担。从受援国民众层次看，中国积极帮助改善当地贫困人口的生活条件，具体包括援建贫困地区基础设施和公共服务设施，改善医疗、教育等条件，向老人、妇女、儿童等脆弱人群提供特殊帮扶，向处于饥荒、自然灾害、战乱中的人口提供粮食和其他基本生活物资等。另一方面也是更为重要的方面，是指针对贫困的根本原因，通过援助帮助受援国将资源优势、发展潜力转化为现实的发展成果，以包容性经济增长帮助受援国摆脱贫困。从受援国国家层次看，中国的援助以帮助提升受援国的自主发展能力为核心，授人以鱼更授人以渔。中国帮助受援国改善基础设施条件，破除发展的关键瓶颈；帮助其发展农业、工业等生产性部门，加快实现经济现代化；发挥援助的"撬动"作用，带动贸易、投资等与受援国的全方位经济合作，变"输血"为"造血"；分享中国的治国理政经验，设立了南南发展合作学院。从受援国民众层次看，中国开展了大量帮助民众脱贫致富、促进就业的援助项目，提升民众自我发展的意识和能力；同时在一些国家开始实施整村开发的村级（社区）减贫示范项目。此外，中国在减贫援助领域践行多边主义，积极参与多边减贫事务，支持联合国、世界银行等在国际减贫事业中发挥重要作用，推进南北合作，加强南南合作，与各方共同推动 2030 年可持续发展议程第一项减贫目标的实现。

第二节
农业与减贫援助领域的新趋势

国际社会在农业领域的援助规模在 20 世纪 60 年代至 80 年代总体呈上升趋势，从大量援助农业生产性项目到着眼于综合性的农村生计开发，再到结构转型和自由化政策在农业援助领域的实施，但广大发展中国家的农业生产却一直停滞不前，饥饿和营养不良现象没有得到缓解。自 20 世纪 90 年开始，农业援助占整体国际援助的比重总体呈下降趋势。随着联合国千年发展目标的提出，对饥饿和贫困问题的重视使得农业领域的援助重新受到关注。2008 年之后，全球自然灾害频发，国际粮食价格急剧上涨，粮食危机、金融危机、环境危机以及后来的难民危机多重问题叠加，全球粮食安全问题日益严重，加上人口增长的预期，国际社会深刻认识到发展中国家农业发展的重要性，农业发展领域的援助进入新阶段。与此同时，农业发展也被认为是消除极端贫困、实现包容性发展的最有效工具。大约 65% 的成年贫困人口是以农业为生的，[①] 农业部门在提高最贫穷人口收入方面的效果比其他部门高出 2—4 倍。

---

① 世界银行网站，http://www.worldbank.org/en/topic/agriculture/overview。

一、国际共识：解决粮食安全问题

当前世界粮食安全形势严峻，处于粮食危机中的人口数量不断攀升，全球超过 7000 万人面临严重饥饿和粮食安全威胁，主要分布在非洲、中东和亚洲等发展中国家。作为突出的经济社会问题，粮食不安全带来了社会和地区的不稳定，也是冲突、移民等现象的重要诱因。国际社会已经认识到，解决粮食不安全问题不仅是人道主义的基本需求，也是维护世界和平与稳定的必然选择。在如何解决粮食安全问题上，国际社会达成了一定程度的共识。

第一，从综合视角定义粮食安全。"是否有粮食""能否获得粮食""怎样使用粮食"被视为粮食安全的三个支柱，而第四个支柱是稳定性，即保证前三个支柱能够稳定实现。这就要求粮食的供给要充足，而且这些粮食能够为消费者所获得并带来积极的营养效果。[①]

第二，以小农生产者为对象提供援助支持。要保证有充足的可获得的粮食供应必须加大对小农生产者的支持力度，在实现粮食自给的基础上提高农业收入，消除饥饿和贫困。小农生产在很长一段时间内都将是大部分发展中国家农业的主要生产组织方式，支持小农生产者开展农业生产是解决粮食安全问题的根本途径。农业技术转移、生产资料提供、基础设施建设等援助应以小农生产者为最终的目标对象。

第三，从全产业链角度促进农业发展，实现粮食安全。在生产领域，要加强小农生产者的生产能力，重视他们对土地的所有权，帮助他们获得更先进的农业技术和生产资料，加大灌溉等农业基础设施的建设力度。在生产后环节，要减少收获后损失，培育农产品市场，促进农产品的流

[①] 联合国粮农组织：《全球粮食危机报告 2018》。

通销售。在下游环节，要推动发展农产品加工业和农产品商业化，提高农产品的附加值和竞争力。

第四，发展环境友好和适应性农业。农业使用了全球 70% 的水资源，并会带来环境污染和浪费，如 25% 的温室气体排放来自农业。同时，粮食最不安全地区尤其容易受到各类自然灾害的冲击，严重影响收成。因此，发展环境友好和适应性农业、增强对环境变化的抵御力，是实现粮食安全的应有之义。

第五，建立广泛的发展伙伴关系。农业生产和粮食体系的顺利运转涉及到多个部门，并触及卫生、营养、文化、环境等多个社会层面。发展中国家农业的发展和粮食安全的实现必须动员包括农业界、工业界、政府、非政府组织、智库和学界、媒体、商业界等国内外的力量，建立起广泛的发展伙伴关系。而为实现这一目标，建立相应的合作平台和信息网络必不可少。由联合国粮农组织、粮食计划署和欧盟联合成立的粮食安全信息网络就是在此领域的实践。

二、传统援助国：提出新的农业援助战略和倡议

2008 年以来，OECD-DAC 成员国家在农业领域的对外援助总体规模每年在 100 亿美元左右，在整个对外援助总额中的占比一直稳定在 4%—6% 之间，农业领域援助规模持续下降的趋势得以扭转。更为重要的是，传统援助国认识到粮食安全问题的严峻性和重要性，纷纷制定新的农业援助战略，提出新的农业援助倡议。2010 年，欧盟委员会通过了帮助发展中国家应对粮食安全挑战的政策框架，号召欧盟和成员国在欧盟共同农业政策框架下加大对发展中国家农业和农村发展的投入。为应

对 2008 年全球粮食价格大幅上涨，美国设立了专项的农业援助项目——养活未来基金（Feed the Future），资金规模 8 亿美元（其中撬动私人资金 1.5 亿美元），惠及 19 个亚非拉发展中国家。德国在 2011 年、2013 年分别颁布了《农村发展和其对粮食安全的贡献》《促进可持续农业》两个农业援助战略文件，2015 年又启动了"没有饥饿的世界" 特别行动计划（One World, No Hungry），进一步加大了农业领域的援助力度。

三、新兴援助国：农业援助增长的重要来源

由于相似的发展经历，许多新兴援助国在农业发展领域积累了丰富的技术和经验，尤其在对自然条件类似的受援国进行农业援助方面具

2014 年 12 月 23 日，由中国政府援助实施的"中柬农业促进中心"项目在金边签约，该项目计划将中国先进的农业科学技术在柬埔寨进行推广，并将培训大量柬埔寨农业技术人员。

有一定的优势。新兴援助国在农业援助领域的投入正在不断加大。例如，巴西的对外援助很大比重是以向国际机构认捐的方式进行的，联合国粮农组织是巴西认捐的主要国际组织之一。巴西还针对马里、布基纳法索、贝宁、乍得四个非洲国家实施了"棉花四国项目"（Cotton-4 Programme），通过测试、改良品种提升上述四国的棉花产业，并将农业机械化、农村基础设施建设、虫害控制、棉花产业链一体化等融合在一起提供援助。印度的对外援助也有较大比重投向农业和农村发展；农业也是墨西哥、沙特阿拉伯等国家对外援助的重点领域之一。

四、受援国：农业自我发展意识和能力增强

未来人口的增长将主要发生在非洲等地区的发展中国家，而且随着这些国家城市化进程加快和中产阶级规模扩大，其对粮食等农产品的需求将进一步扩大。通过总结自身发展历程和学习国际经验，广大受援国纷纷提高了对农业发展的重视程度，许多国家和地区组织都制定了自己的农业发展战略，加大农业发展领域的投入，以期为经济转型和增长奠定基础。尤为引人瞩目的是非盟发起的非洲农业综合发展计划（The Comprehensive African Agricultural Development Programme, CAADP），在该框架下许多非洲国家制定了国家农业投资计划，承诺每年将国家预算的至少10%投向农业，以实现6%的农业增长目标。受援国农业自我发展意识和能力的增强，为国际援助方更好地对接其农业发展需求、协调实施农业援助提供了支撑。另外，一些地区性发展银行如非洲开发银行、亚洲开发银行也很重视对本区域农业发展的支持，并且由于对本地区情况较为熟悉，实施的农业援助项目有着相对较好的效果。这也吸引

了许多援助方和国际组织委托地区性发展银行实施援助项目。例如，美国、丹麦和瑞典就在非洲开发银行设立了农业快车道基金，资助非洲的中小型农商型企业，并支持与农业产业链相关的基础设施类项目。

第三节
中国方案展望

中国作为发展中大国，农业门类齐全，拥有在多种自然条件下从事农业生产的技术能力，能够满足受援国的多种农业发展需求。中国的小型农机具，尤其是一些半手工半自动的农机具在缺少电力等能源供应的发展中国家尤为适用。在农产品加工领域，中国在谷物加工、粮食干燥储藏、油脂加工等方面的技术也非常成熟。随着中国农业企业"走出去"的力度不断加大，未来中国通过统筹政府支持和市场化手段，综合施策，可以更有效地帮助发展中国家农业农村发展和脱贫减困。

一、支持发展中国家实现粮食安全

作为拥有 13 亿人口的大国，中国将毫不动摇地坚持立足于实现粮食基本自给的方针，中国人的饭碗将主要装中国粮。同时，为实现全球粮食安全，中国将继续加大对广大发展中国家农业的支持力度，增强发展中国家的粮食供给能力，确保发展中国家的粮食安全。在此基础上，中国支持广大发展中国家与中国发展互利共赢的农业合作，助力发展中国家实现农业现代化。

二、重视农业援助效果的可持续性

农业是一个需要长期投入和培育的产业，而农业援助项目往往都需要在一定时期内实施完成。农业援助要援助效果的可持续性，避免援助结束后因缺乏持续投入和技术服务，农业生产倒退回原来状态。对一个国家的农业援助要制定中长期的规划和目标，注重援助项目的连贯性，设定不同的援助任务和侧重点，分期实施援助项目，切实帮助解决困扰受援国农业发展的基础性问题，为受援国留下长久持续的农业援助效果。尤其是进一步加大对受援国自身农业人才的培养力度，培育能够长期持

2012 年 7 月 12 日，中国—东盟农业培训中心举行揭牌仪式。该中心设在中国，将为东盟国家培训大量农业人才，提高东盟国家农业科技水平。

久在受援国从事农业技术研究和技术服务的人才力量。

三、对不同国别地区分类施策

广大发展中国家的农业发展环境差别很大，因此援助着重点要有所不同。对处于严重粮食不安全状态的国家，如撒哈拉以南非洲国家，除必要时提供紧急粮食援助之外，要着重加强对主粮种植的援助力度，帮助这些国家提高粮食产量，尽快实现粮食自给，改变粮食需求主要依靠援助和进口的局面。对于有能力生产如可可、咖啡、棉花、腰果、油类作物等主要国际交易农产品的国家，要加大以援助带动贸易和投资合作的力度，帮助这些国家提高农产品的附加值，改变其处于全球农业价值链低端的状况，减少国际市场价格波动带来的冲击，帮助农民增加收入，同时带来更多外汇收入。除此以外，要挖掘发展中国家农业发展潜力，根据不同国家的气候资源条件，发展种类多样的农业种植养殖，丰富农业生产的领域和品种，扩大农民从事农业生产、脱贫致富的门路。

四、采取多种形式扩大农业援助的覆盖范围

发展中国家的农业援助需求巨大，要采取多种形式扩大农业援助覆盖的地理范围和人群规模。在技术引进和推广方面，加大派遣农业专家的规模，在试验示范农业生产技术的同时，创新技术推广方式，精心选取示范农户布点，逐步扩大示范生产范围，通过当地农户之间的相互带动和学习，让更多农户能够获得先进的农业技术。同时，在力所能及的范围内，提升对受援国农业的支持力度，在困扰受援国农业生产的关键环节，如种子、农业生产机械、灌溉系统、道路等方面给予更多援助。

五、推动实现农业价值链的发展

通过培育农产品的投入和产出市场，帮助实现农业价值链的发展。重视生产后环节的管理，在农产品的储存、干燥、运输等领域给予援助；建设农产品市场信息体系，灵活运用信息技术，帮助小农户更好地获得市场信息，参与市场活动；培育小农户的企业家精神，提升小农户参与农产品市场经营的能力。以援助带动更多私人部门参与农业价值链的活动，带来更多的技术和资本投入，通过订单农业、合同种植等方式，帮助农业生产者将农业投入、生产和销售系统连接起来。帮助受援国提高自身农业检验检疫水平并建立农产品标准化体系，为农产品交易提供确定的质量和标准。此外，加大对区域性农产品市场一体化发展的支持，扩大区域内农产品贸易，鼓励区域内国家间在农产品流动方面相互支持；在援建区域内跨国交通设施时将农产品的区域内流通需求考虑在内；同时帮助区域内国家间降低农产品贸易的关税和非关税壁垒。

六、进一步分享中国农业农村发展和减贫的经验

农业农村发展对国家政策的依赖程度很大，国家是否实施支持农业发展、重视农业投入、调动农民从事农业生产、鼓励私人部门投资农业的政策，是实现农业农村成功发展的关键。目前许多发展中国家已经认识到国家政策的重要性，但是在如何制定、实施方面却往往面临各种各样的问题。中国长期以来十分重视农业农村发展，在该领域有着丰富的实践经验，可以与受援国分享，帮助受援国找到适合自己的农业农村发展模式和道路。中国将中国减贫经验与受援国减贫实践相结合，采取了以村级（社区）为单位的区域整体减贫示范这一有效方式。中国将在现

2006 年 11 月 30 日，反贫困问题研修班在浙江大学结业，来自全球 33 个发展中国家的 41 名学员通过学习中国发展经济的经验，为本国反贫困寻找路径。

有基础上，逐步扩大村级（社区）减贫示范的范围，将对受援国民众的扶贫与扶智、扶志结合起来，帮助民众改善民生、早日脱离贫困。

七、开展多种形式的国际合作

以 2030 年可持续发展目标为指引，为推动实现减贫和消除饥饿，国际社会协调一致加强合作的呼声日益高涨。中国将继续以受援国的发展需求为出发点，在尊重受援国自主权的基础上，发挥各方比较优势，开展多种形式的国际合作，与国际组织、传统援助国、新兴援助国和民间组织一起助力广大发展中国家的农业农村发展和减贫事业。

第九章
生态环保援助

　　保护生态环境、实现可持续发展是当今世界各国共同的愿望与目标。中国秉承生态文明理念，积极分享绿色发展经验，在生态环境保护、应对气候变化等方面为广大发展中国家提供力所能及的支持。随着全球生态环境保护面临的挑战加剧，中国将进一步加强在这一领域的援助资金投入，扩大知识传播和技术合作，积极履行相关国际公约，开展国际合作，承担大国责任，为共建美丽地球作出积极贡献。

第一节
中国对外援助在环境保护领域的实践

早在 20 世纪 60 年代，中国就开始向发展中国家提供沼气、小水电等清洁能源领域的援助。近年来，随着全球在生态、环境和气候变化方面面临的挑战越来越大，中国进一步加强了在生态环保领域的援助力度，援助项目拓展到水资源利用、生态保护、清洁能源开发、应对气候变化及城镇化发展等多个领域，为加强发展中国家的生态环境保护作出了积极贡献。

专栏 9-1：中国近年在生态环境保护领域宣布的援助举措
◆ 2012 年，中国政府在联合国可持续发展大会上宣布中国将开展应对气候变化的"南南合作"，承诺每年安排约 1000 万美元用于支持非洲国家、最不发达国家和小岛屿国家积极应对气候变化。 ◆ 2015 年 1 月，中国—拉共体论坛（中拉论坛）首届部长级会议通过了《中国与拉美和加勒比国家合作规划（2015—2019）》，其中提及中国与拉共体将"在南南合作框架下开展气候变化领域合作，包括向有关国家推广低碳、节能、可再生技术；在生物多样性保护、海岸生态系统保护、保护区管理、

环境友好技术、水资源保护、荒漠化治理、污染控制与治理等领域加强合作，共同提高环境保护能力"。

◆2015年9月，中国国家主席习近平在访美期间与时任美国总统奥巴马联合发布《中美元首气候变化联合声明》，其中包括中国宣布提供200亿元人民币建立"中国气候变化南南合作基金"，支持其他发展中国家应对气候变化，并帮助这些国家增强使用绿色气候基金资金的能力。

◆在2015年12月召开的中非合作论坛约翰内斯堡峰会上，习近平主席作出"中非合作绝不以牺牲非洲生态环境和长远利益为代价"的庄严承诺，并宣布将支持非洲实施100个清洁能源和野生动植物保护项目、环境友好型农业项目和智慧型城市建设项目。

◆在2015年12月巴黎气候变化大会开幕式上，习近平主席宣布，中国气候变化南南合作基金将于2016年启动，在发展中国家开展10个低碳示范区、100个减缓和适应气候变化项目及1000个应对气候变化培训名额的合作项目，继续推进清洁能源、防灾减灾、生态保护、气候适应型农业、低碳智慧型城市建设等领域的国际合作，并帮助发展中国家提高融资能力。

◆在2017年5月举行的首届"一带一路"国际合作高峰论坛开幕式上，习近平主席强调，"要践行绿色发展的新理念，倡导绿色、低碳、循环、可持续的生产生活方式，加强生态环保合作，建设生态文明，共同实现2030年可持续发展目标"，并宣布"将设立生态环保大数据服务平台，倡议建立'一带一路'绿色发展国际联盟，并为相关国家应对气候变化提供援助"。

一、分享绿色发展经验

在国内经济建设中，中国政府日益重视生态环境保护，提出了"创新、协调、绿色、开放、共享"的新发展理念，致力于推动绿色低碳发展。在对外援助中，中国积极分享绿色发展经验，支持其他发展中国家生态环保能力建设。

中国主动设计和打造综合生态环保援助计划，促进可持续发展经验分享与交流。2013年10月，中国环境保护部在第六届全球南南发展博览会上宣布启动"中国南南环境合作绿色使者计划"。该计划涵盖绿色政策、绿色创新、绿色先锋、绿色伙伴等内容，旨在通过多种形式的交流与对话，促进发展中国家间分享环境治理经验，加强中国与其他发展中国家在环境保护领域的人员交流合作，支持发展中国家环境保护能力建设，加强环保产业及环保科技合作，鼓励公众参与，提升社会环境意识，构建中国南南环境合作伙伴关系联盟。

根据发展中国家实际需要，中国精心设计生态环境可持续发展相关培训专题，提升发展中国家绿色发展能力。近5年来，中国组织实施了近百期以生态环保和应对气候变化为主题的多、双边研修项目，涵盖环境治理、绿色经济与环境保护、可再生能源开发利用、农村能源与环境卫生、环保技术与设备、水资源管理与水土保持、旱区农业生产环境调控、林业管理和防沙治沙等诸多专业，与参加研修的各国官员和技术人员分享中国生态文明理念、环境治理政策与技术，以及寻求经济与生态平衡发展的实践经验。此外，中国还在援助资金支持的硕士项目中设置了环境工程、环境管理与可持续发展专业，为发展中国家培养环境保护领域的专业人才。

二、助力发展清洁能源

中国积极支持发展中国家应对气候变化，扩大清洁能源使用，在帮助其增加电力供应的同时，减少对环境的不利影响。近年来，中国帮助有关发展中国家建设了一批光伏发电、风电、水力发电等清洁能源项目，取得了良好效果。中国援巴基斯坦议会大厦光伏发电项目启用后，日均发电量 5500—6000 千瓦时，使巴基斯坦议会摆脱了电力短缺困难，并成为全球首座环境友好型的"绿色议会"。中国援斐济索摩索摩小水电站为该国塔韦乌尼岛人民供了清洁、稳定、价格低廉的能源，改善了该岛的电力供应，每年将为斐济节省 190 万斐元（约 600 万元人民币）的柴油进口，也助力斐济实现"2025 年前可再生能源占比 90%"的目标，帮助斐济更好地应对气候变化。

中国应受援国需求，提供相关清洁能源设备，增强其清洁能源使用能力。近年来，中国向卢旺达、马达加斯加、苏丹、乍得、赤道几内亚、柬埔寨、汤加等 20 多个国家提供了太阳能发电及照明设备、太阳能移动电源、沼气设备等物资，并在部分国家开展了清洁能源示范项目。中国援助老挝、柬埔寨的沼气生产设备、燃气炉和照明灯，利用农村地区人畜粪便、枯枝落叶生产沼气，既解决了做饭、照明的能源供应问题，又减少了木材使用，降低了温室气体排放。中国支持加蓬建设太阳能照明示范项目，提供了 16 套 50 瓦太阳能路灯、35 套 300 瓦和 5 套 720 瓦太阳能户用系统，为没有电力供应的伊沃索村带去了光明，改善了当地

2018 年 4 月 10 日，中国援尼泊尔太阳能项目交接仪式在加德满都举行。

民众的生产生活条件，成为当地清洁能源利用的典范，也成为中加两国绿色互利合作的新亮点。

中国还尝试开展清洁能源技术援助项目，帮助发展中国家合理规划和使用清洁能源。中国利用援外资金帮助埃塞俄比亚编制风电和太阳能发电规划，这是中国在境外开展的首个清洁能源技术援助项目，得到了埃塞俄比亚政府的充分肯定。

三、开展沙漠化防治合作

作为世界上荒漠化最为严重的国家之一，中国在1994年即加入了《世界防治荒漠化公约》，在致力于本国沙化土地防治的同时，积极与其他国家分享自身有效的治沙技术和经验。围绕"中国沙漠治理技术和荒漠化防治""阿拉伯地区防沙治沙技术培训""水土流失综合治理"等专题，中国组织实施了多期援外研修培训项目。甘肃省治沙研究所建立的国际荒漠化和土地沙化防治技术援助交流平台，先后举办了36期"中国沙漠治理技术和荒漠化防治国际培训班"，培训了90多个发展中国家的1000余名学员。自2006年开始，宁夏农林科学院在10年间承办了数十期"阿拉伯国家防沙治沙技术培训班"，向阿拉伯国家技术人员传授一些简单易行、资源耗费低的治沙方法，如利用农作物秸秆覆压固定沙丘、碎石覆盖土壤、山地梯田开发等，为其治理和改造沙漠、改善当地居民生存环境提供了有效的智力支持。

森林的管理、养护和可持续经营是防治荒漠化的核心内容。中国一直致力于支持亚太地区的森林保护和恢复，并与非洲国家开展植树造林、林业科研等方面的合作。中国通过技术合作和培训的方式，将竹子种植与加工技术传播到尼日利亚、乌干达、卢旺达、加纳等非洲国家，不仅

来自埃及、纳米比亚、博茨瓦纳等国家的学员参加 2018 发展中国家荒漠化防治和生态修复技术培训班，学习中国治沙经验和技术。

为促进当地发展经济、改善民生提供了帮助，也对有效控制水土流失和土地退化、保护生态环境发挥了重要作用。

四、支持野生动物保护

中国政府高度重视生物多样性保护，积极参与野生动物保护的国际合作，履行相关国际责任和义务，致力于维护全球生态安全。2014 年 5 月，李克强总理访问肯尼亚期间提出，中方将加强同非洲在保护生态和野生动物方面的合作，并承诺为非洲野生动物保护提供 1000 万美元资金援助，向国际社会传递了"保护野生动物就是保护我们共有的家园，保护生物多样性就是保护地球的丰富多彩"的理念。

中国向相关国家提供物资援助，增强其野生动物保护能力。中国向柬埔寨、缅甸、坦桑尼亚、肯尼亚、埃塞俄比亚、赞比亚等国提供多种野生动物保护物资，包括夜视仪、全地形车、皮卡车、帐篷、望远镜、野外照相机等，提高上述国家打击盗猎和非法野生动物制品交易的装备水平。

中国积极支持发展中国家生物多样性保护研究。中国援助建设了尼泊尔自然保护基金会研究中心，并提供配套设备和技术援助，积极支持尼在野生动物保护和生物多样性保护、应对气候变化等方面所作的努力。中国还与肯尼亚等东非国家在肯尼亚共同建立了"中非联合研究中心"，主要在生物多样性保护、生态环境、荒漠化防治和现代生态农业示范等领域加强科研合作。

> **专栏9-2：蒙古国戈壁熊保护技术援助项目**
>
> 戈壁熊被蒙古国视为"国熊"，是唯一一种能够适应荒漠气候的熊类。受气候变化导致的栖息地水资源枯竭、食物短缺等因素影响，戈壁熊目前仅存22只，已处于极度濒危边缘。为回应蒙古国保护戈壁熊的迫切期望，中国已启动为期三年的戈壁熊栖息地管理技术援助项目。项目主要包括栖息地环境质量评价研究、栖息地食用植物种群动态研究、栖息地生物多样性监测研究、戈壁熊种群数量研究、培训保护区技术和管理人员、提供保护区专用设备、安装自动气象站等一揽子援助内容。

五、积极开展多边合作

中国政府高度重视国际环境公约履约工作，目前已加入50余项国际环境公约，积极完成履约任务，兑现了对国际社会的承诺。作为推动国际环境公约履约的实践探索，中国与亚非国家在维护生物多样性、化学品管控等国际公约履约能力建设方面开展合作，推动履约技术交流与南南合作。

中国政府积极支持多边机构和区域环境合作。2012 年 6 月，在"里约 + 20"可持续发展峰会上，中国宣布向联合国环境规划署信托基金捐款 600 万美元，帮助发展中国家开展提高环境保护能力的项目。2008 年和 2014 年，中国先后向联合国粮农组织捐款 3000 万和 5000 万美元，助力提高发展中国家农业应对和适应气候变化的能力。此外，中国通过中非合作论坛、澜沧江—湄公河合作机制、拉美与加勒比共同体论坛等平台，打造环境合作高层机制，探索南南环境合作的新范式、新机制。

第二节
生态环保援助领域的新趋势

当前，全球生态环境问题日益突出，用于生态环境保护的发展援助资金规模不断增加。作为应对全球环境挑战和实现全球环境治理目标的重要支撑，环境保护援助承载了新的使命，呈现出一些新特点。

一、发展中国家面临严峻的生态环境挑战

发展中国家由于人口规模和经济总量增长迅速，而经济发展水平相对滞后，面临的生态环境挑战日益严峻，对生态环境领域的援助需求不断增加。

随着发展中国家工业化进程推进，自然资源的过度消耗和对环境容量的过度占用引发了空气污染、水质破坏、土壤污染、气候变化等一系列问题。联合国过去三年间对全球生态环境调查的结果显示，全球各地区生物多样性继续恶化，资源过度开采，不可持续的自然资源利用，空气、水和土壤的污染以及气候变化等原因导致自然承载能力不断减弱。与此同时，生态环境恶化对经济发展的抑制作用愈发明显。

其中，气候变化是当前全球共同面临的重大挑战，深刻影响着人类的生存与发展。气候变化不仅引发自然灾害，带来了人员和财产的巨大损失，还以生态环境为介质，将影响传导到贫困、移民、跨界资源冲突等社会问题上，加剧了社会发展风险。为了稳定气候，抑制温室气体排放上升趋势刻不容缓。根据联合国政府间气候变化专门委员会（IPCC）第五次评估报告，为防止气温上升超过 2.0 摄氏度的概率超过 50%，2050 年全球排放量（以 CO_2 当量计）必须比 2010 年观测值下降 25%—55%，这要求发达国家在 2050 年之前达到零排放，而发展中国家排放水平须与 2010 年持平。这对发展中国家的经济发展、环境治理和南北国家协同促进低碳转型提出了严峻挑战。

二、发达国家生态环保援助力度提升

21 世纪以来，发达国家对生态环保领域的援助额总体呈现上升趋势，应对气候变化是其中的援助重点。与此同时，通过加强对项目的环境影响评估，从不同方面综合支持发展中国家生态环境的改善。

（一）生态环保援助规模增加

20 世纪 90 年代之前，关于发展与环境的相互影响及具体落实的讨论盛行，但众多发展机构的主要关切仍是经济增长和减贫。环保的发展援助投入有所增加，但优先级并不高，不足以改变援助资金的占比结构。

近年来，生态环保相关援助增长较为迅速。OEC-DAC 统计数据显示，2006—2015 年的十年中，将环境作为首要援助目标的双边援助金额从 46.3 亿美元增长至 126.3 亿美元，增长了 1.7 倍；将环境作为若干重要目标之一的援助项目金额则从 107.2 亿美元增至 175.6 亿美元。其中，气候变化减缓和适应日益成为援助的重点，而沙漠化和土壤侵蚀防治是环境相关援助中最被忽视的领域。

（二）气候变化纳入环境发展援助主流

发展援助在应对气候变化风险、提高气候变化韧性方面发挥了更显著的作用。气候变化援助项目金额在 20 世纪 90 年代后期大量增加，进入 21 世纪之后，气候变化成为最受关注的生态环境援助领域。OECD-DAC 数据显示，在 21 世纪的前十年，援助国围绕里约联合国环境与发展大会设定的目标增加了投入，包括关于《联合国气候变化框架公约》（UNFCCC）、《联合国生物多样性公约》（UNCBD）和《联合国防治荒漠化公约》（UNCCD）的投入。其中大多数援助资金投入到了应对气候变化中。能源领域是应对气候变化援助中的重点，发展援助一般通过资助提升能源效率、利用可再生能源、开发节能设备等方式推动温

图 9-1：西方主要援助国的环境领域双边援助金额（2006—2015 年）

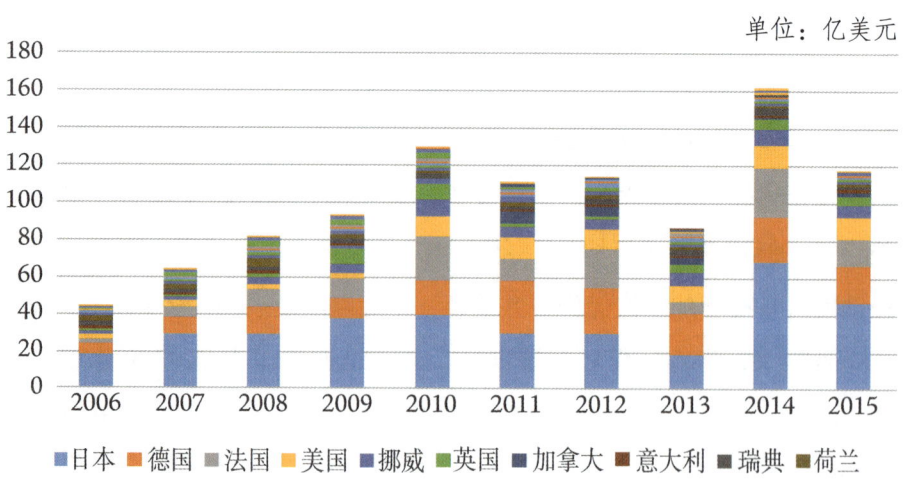

单位：亿美元

资料来源：OECD, http://stats.oecd.org/Index.aspx?DataSetCode=RIOMARKERS.

室气体减排和气候变化减缓。

（三）促贸援助成为环境治理新契机

促贸援助致力于增强发展中国家经济韧性，提高发展中国家生产力和能力建设水平，在支持多边贸易体系建设的同时，也加强了国际贸易对推动绿色增长的潜在作用，成为发展援助支持生态环境保护的又一重要切入点。

目前，促贸援助推动生态环境保护的具体方式主要包括：一是健全贸易政策和法规，为受援国官员提供与环境商品、服务及环境保护措施相关的贸易政策培训，加强其对多边环境协定中有关贸易具体要求的认识；二是通过提供制度和商业支持，改善生态环境相关商品贸易环境，在增加发展中国家在国际贸易中的参与程度的同时，推进贸易基础设施建设，使其便利和鼓励环境保护相关产品和服务的贸易，减少供给侧的

图 9-2: DAC 用于里约会议承诺的援助额（2006—2015 年）

单位：亿美元

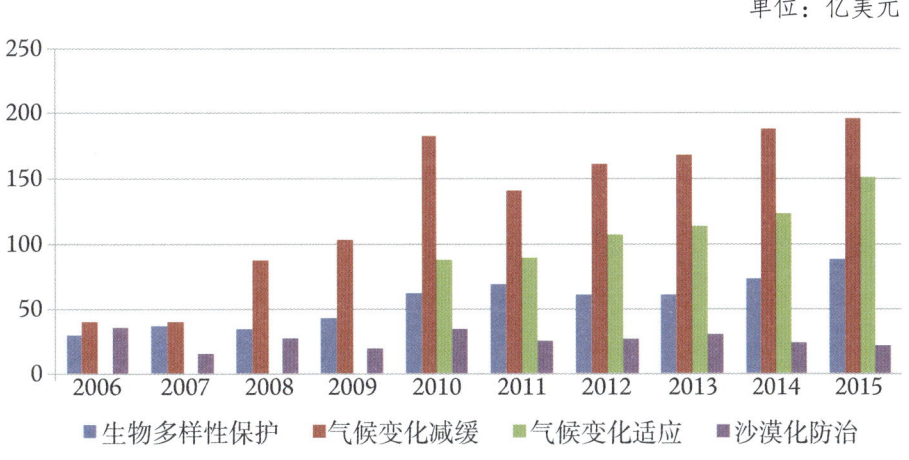

资料来源：OECD, http://stats.oecd.org/Index.aspx?DataSetCode=RIOMARKERS.

限制；三是在促贸相关基础设施的建设过程中注重环境友好和自然资源可持续利用，包括使用可再生清洁能源、建设低碳交通系统、落实环境影响评估工作等；四是利用促贸援助资助旨在促进生产与生态保护协同发展的项目，例如可再生能源、可持续农业和低碳交通网络项目。

（四）援助国对援助项目的生态环境影响评估更加严谨

过去 30 余年中，发达国家的援助项目总体逐步以环境保护为导向。据统计，20 世纪 90 年代初期具有负面环境影响的援助项目总金额为具有正面环境影响的援助项目总金额的 8 倍。2008 年，这一比例大幅降低到 3 倍。[1]

近年来，援助国进一步规范援助项目的生态环境影响，呼吁建立更严谨的环评和气候变化影响核算体系。发展融资机构开始将企业环境表现和社会责任表现纳入企业资质考核和发展项目评估当中。比如，日本国际协力机构（JICA）为规范援助项目、减少援助过程中对环境的负面影响，制定了《官方发展援助贷款环境指南》，对包括矿产开发、工业、电力输送在内的 17 类援助项目领域提供指导方案，指出援助活动可能造成的环境影响，并对建立环境影响评价和监督体制提出要求。[2] 但在环境和气候变化影响核算方面，援助国和多边开发银行尚未对核算指标和方法达成统一。

---

[1]　Marcoux, C., B. C. Parks, C. M. Peratsakis, J. T. Roberts, and M. J. Tierney, "Environmental and Climate Finance in a New World: How Past Environmental Aid Allocation Impacts Future Climate Aid," WIDER working paper 2013/128, UNU-WIDER, Helsinki (2013).

[2]　https://www.jica.go.jp/english/publications/jbic_archive/guidelines/check.html.

三、南南合作侧重分享环境治理经验

发展中国家面临相似的发展与环境相协调的挑战。相较南北合作，南南合作在促进发展中国家利用后发优势、共同分享经验、以更少的环境代价实现发展路径创新与可持续发展方面具有独特优势。

以金砖国家伙伴关系中的南南合作为例。自伙伴关系建立之初，金砖国家就十分重视环境保护和气候变化问题，可持续发展、气候变化一直被作为重点讨论议题之一。2014—2017 年的四次金砖会议连续提及气候问题，强调要坚持《联合国气候变化框架公约》基本原则，推动《巴黎协定》落实。2015 年，金砖国家环境部长会议正式召开，标志着金砖国家环境合作机制正式建立。2016 年和 2017 年两次环境部长会议相继召开，环境合作不断深入，参与国围绕空气质量改善、水和土壤环境治理、生物多样性保护等重点领域交流分享实践经验；严格遵循绿色债券原则，引导资金流向节能环保产业；成立联合工作组，评估金砖国家环境技术需求；鼓励针对与环境密切相关的能源、灾害管理等领域展开合作等。金砖国家新开发银行为环境合作提供资金支撑，2016 年新开发银行公布首批贷款，用于支持金砖国家可再生能源项目，并发行了首批人民币绿色债券，用于与环境有关的绿色产业项目融资。

新兴经济体对其他发展中国家的生态环境支持有所增加，但总体规模依然较小，以清洁能源和环境技术合作为主。农业气候适应性和清洁能源是巴西技术合作的重要部分，2010 年巴西发展署将 6% 的援助资金用于环境领域；在 2015 年印非峰会上，印度政府承诺将在未来 5 年内向非洲国家提供金额达 100 亿美元的低息贷款，部分将用于支持非洲清洁能源、农业等领域的发展；环境和灾害预防也是墨西哥与中美洲国家的重点合作领域。

为进一步支持发展中国家间的经验技术交流，2017年联合国启动一项新的倡议——南南气候合作伙伴孵化器，该倡议将在可再生能源、气候韧性、智慧城市以及大数据应用等领域为发展中国家培育更多相互合作机会和伙伴计划。

四、多边援助与双边援助形成互补

（一）多边生态基金弥合生物多样性保护资金缺口

2010年在第十次《生物多样性公约》缔约方大会上通过的《生物多样性战略计划2011—2020》确定了2020年生物多样性目标，设计了世界生物多样性保护的路线图和时间表，为各国制定国家目标提供了框架。《生物多样性公约》呼吁其他有能力的发展伙伴和捐助方对发展中国家（特别是最不发达国家和小岛屿发展中国家）以及经济转型国家提供资金和能力技术支持。据OECD统计，为实现2020年生物多样性目标，国际社会每年需投入150亿—440亿美元。而目前双边官方发展援助每年仅可提供约56亿美元，多边援助金额已经超过了双边援助金额的2倍。其中生态环境领域最大的多边援助方为世界银行和全球环境基金（Global Environment Facility），分别占该领域援助总额的31%和28%。多边援助推动生态多样性保护的主要方式包括直接资金援助、资助能力建设、推进环境财政改革、构建绿色产品市场、提供伙伴国家进入绿色市场的初始启动资金、构建生态系统服务支付系统和生物多样性补偿系统、建立生态保护信托基金等。德国发展研究所（The German Development Institute）2016年的报告指出，生物多样性多边援助很大程度上弥合了双边援助的资金缺口。

（二）多边援助积极引领应对气候变化，但仍亟待资金投入

随着应对气候变化成本的提高，双边发展援助资金已不足以满足应对气候变化的需求。2009 年哥本哈根气候变化大会提出，到 2020 年前每年"从多种渠道筹集 1000 亿美元，来帮助发展中国家减少碳排放以适应气候变化"；2016 年《巴黎协定》要求资金要流向更加符合温室气体低排放和气候适应型发展的路径。这说明了全球范围内应对气候变化的投融资在资源配置和支持全球低碳发展方面的关键作用。[1]

虽然双边气候援助依然占气候融资整体的主体，但多边气候融资在全球应对气候变化中愈发重要。2014 年 OECD 数据显示，双边气候援助占气候融资整体的 53%，多边开发银行占 40%，多边气候基金占约 7%。多边开发银行气候融资近年来增长迅猛，成为新资金筹集的最大来源。多边气候基金体量相对较小，但其意义在于填补其他融资方式的空缺，尤其是引导和撬动发展中国家公共和私营投资投向应对气候变化领域。

表 9-1：全球主要用于发展援助气候基金

基金名称	成立时间	特点	金额
全球环境基金（GEF）	1991	最大的由捐赠资助的气候减缓资金，行使包括《联合国气候变化框架公约》（以下简称"公约"）在内的多个国际环境公约的多边资金机制职责。	152 亿美元（2018 年 6 月完成第六个增资期后预计达到 196 亿美元）
绿色气候基金（GCF）	2010	《公约》资金机制的运营实体，受《公约》缔约方会议指导并对其负责。	7.15 亿美元（2018）

[1] http://www.tanpaifang.com/tanjijin/2016/1207/57833.html.

气候投资基金（CIF）	2008	由世界银行托管，重视撬动私营部门资金或受援国资金，重视与国际多边金融机构的力量形成合力，扩大资助的影响效应。	81 亿美元（2015年承诺出资额）
气候变化特别基金（SCCF）	2001	《公约》资金机制运营实体，以气候适应为优先资助领域，补充全球环境基金重点领域的不足。	提供 3.5 亿美元资金，撬动联合融资 26.4 亿美元（2016.11）
最不发达国家基金（LDCF）	2001	《公约》资金机制运营实体，通过对最不发达国家执行国家适应性计划提供协助和资金支持，解决最不发达国家中最紧急的气候适应需求。	提供 9.7 亿美元资金，撬动联合融资 39.3 亿美元（2016.11）

尽管实际投入有所增加，到 2050 年，如果没有新的或额外可用资金注入，应对气候变化仍将面临巨大的资金缺口[①]。一方面，全球变暖势头有加剧趋势，这意味着发展中国家"适应性资金缺口"将比预期成本更高，造成资金缺口增长；另一方面，2017 年美国特朗普政府宣布退出《巴黎协定》，并拒绝履行其向发展中国家提供气候资金支持和向绿色气候基金注资的义务，直接影响本轮绿色气候基金的总体规模。若其拖欠金额由日本和欧盟国家分担，则每个国家的捐资额需要增加 40% 左右[②]。

---

① http://finance.china.com.cn/roll/20160520/3730930.shtml.

② http://www.ideacarbon.org/archives/41062.

第三节
中国方案展望

生态环保援助是中国参与全球环境治理、承担大国责任的一个重要体现，也是共建人类命运共同体的重要内容。面对全球严峻的生态环境保护形势以及发展中国家在该领域的迫切发展需求，中国有责任也有能力进一步提升在生态环保领域的援助力度，参考和借鉴国际经验，逐步丰富和拓展援助的具体领域和形式。

一、制订生态环保援助规划，增加资金投入

当前中国参与生态环保援助的部门众多，涉及中央政府、地方政府和部分非政府组织，需要加强统筹协调，统一规划，进行综合部署，以达到更好的援助效果。在综合考虑国际形势、不同地区发展中国家在不同领域的需求，以及中国自身的比较优势和能力的基础上，中国可以分别制订生态环保援助中长期规划、优先领域合作规划以及重点地区和国别方案，形成相互参考、相互补充的规划体系，充分发挥国内不同部门的优势，引导生态环保援助有序、有效地推进。

2016 年 9 月 26 日，中国在肯尼亚援建的中非联合研究中心项目正式移交。中非联合研究中心是中国与肯尼亚、乃至与整个非洲大陆在生物多样性保护、生态环境监测、微生物及现代农业应用等领域开展科技合作和人才培养的重要平台。

中国是《2030 年可持续发展议程》和《巴黎协定》的积极支持者，在推进国内经济结构转型、实现可持续发展的同时，将进一步加大对发展中国家绿色发展的支持，逐步提高生态环境保护领域在中国对外援助总投入中的比重，引领生态环境保护南南合作。可搭配组合无偿援助、无息贷款、优惠贷款等金融工具，发挥各类资金的集成效应，并整合能力建设、成套项目和物资援助等多种援助方式，统筹设计能够综合支持受援国生态环保体系发展的项目。可借鉴气候基金做法，创新金融支持方式，尝试政府援助资金与开发性金融、社会资本的搭配使用，发挥政府援助资金的引导带动作用，鼓励更多商业资金投入。

二、提升生态环保综合理念，打造中国"绿色援助"形象

除加大生态环保领域的援助外，更为重要的是将生态环保理念融入

中国其他领域援助项目中，如基础设施、农业、医疗卫生等领域，在项目设计时既要充分考虑项目本身的生态环保影响，同时也要充分考虑与生态环保项目的相互支撑和补充，形成更为和谐统一的整体，更为系统地支持发展中国家的整体发展目标，同时也逐步打造中国"绿色援助"的形象。

在"绿色援助"的基础上，充分发挥援助对贸易和投资的外溢效应，可参考发达国家做法，通过在援助项目各环节中设立高标准的生态环境保护指标并加强项目环境评估，为商业投资项目和绿色金融树立可参考的样板。同时可以援助为杠杆，通过营造良好投资环境，撬动更多商业资本参与发展中国家生态产业园和绿色产业链投资，进一步促进发展中国家的生态环境保护，推动全球生态文明建设。

三、加强知识技术传播，分享经济与生态平衡发展经验

过去几十年，中国经济快速发展，但同时也承担了沉重的环境代价。在推进生态文明建设的过程中，无论在宏观政策层面，还是微观技术层面，中国都积累了丰富而鲜活的经验，有条件为其他发展中国家提供有别于南北合作的创新理念、路径选择和解决方案，尤其是推动经济与生态平衡发展方面的经验，可作为生态环保援助中国方案的重要内容进行传播。

在宏观层面，中国可加强与发展中国家的政策交流和知识分享。中国可设立生态环保南南合作知识交流平台，分享中国在宏观发展规划、相关政策制定、行政手段、专项立法、行业规划等方面的经验，充分阐释中国兼顾生态与经济发展的政策与实践，帮助发展中国家开展相关生态资源评估、产业发展规划、政策立法框架、管理平台搭建等工作，充

2013 年 6 月，来自苏丹、埃塞俄比亚、阿塞拜疆、古巴、巴勒斯坦等 11 个国家和地区的官员、学者在甘肃兰州参加 2013 发展中国家风力发电技术培训班。

分依托和挖掘发展中国家的环境资源禀赋优势，与发展中国家共同探索兼顾生态保护与经济社会发展的可持续发展道路与模式。

在技术层面，中国可进一步加强技术援助力度，推进适用技术的转移，强化对能力建设的支持，并密切跟踪技术发展趋势，借鉴国际做法，鼓励针对发展中国家实际情况进行的相关技术开发与创新，积极促进创新技术应用于中国生态环保援助，充分发挥发展中国家的后发优势。

四、统筹需求与供给，突出援助优先领域

发展中国家在生态环保领域的发展需求多种多样，既有共同面临的挑战，也有各国独特的问题。在提供援助时，中国应综合考虑受援国需求和自身比较优势，按照与全球可持续发展目标的契合度、中国经验与技术的适宜性、可持续发展解决方案的系统性以及技术与发展模式的创

新性等相关标准原则，遴选出中国开展生态环保援助的优先领域，促进发展中国家需求与中国供给的有机结合，进一步提高援助有效性。

综合来看，中国可以将水污染与资源治理、生态环境保护、城市与城镇化、清洁能源与空气质量以及应对气候变化这五大领域作为优先支持领域。其中又可以污水治理和饮用水安全、沙漠化治理、绿色基础设施建设与绿色交通、可再生能源及提高工业及能源能效为重点援助的细分领域，统筹政府、企业、非政府组织，集合政策与技术力量，设计和打造不同领域的援助旗舰计划，在重大国际场合推出，进一步突出中国援助方案的特点。

五、设计有针对性的民生项目，树立中国援助品牌

生态环境的破坏及气候变化直接影响到发展中国家人民尤其是贫困人群的生活。在开展生态环保援助时，需要充分考虑基层民众的受益。针对不同地区和国家的特点和需求，中国可以主动设计有针对性、切合民生实际需要的生态环保品牌项目，树立一系列有中国生态环保援助特色的标杆和典型，更有力地支撑中国"绿色援助"形象。

例如，在中亚、南亚、东南亚各国，可选择试点进行农村绿色扶贫，解决农村用水、用电、垃圾处理问题；结合当地资源，可建设小型水处理装置、径流式小水电等。在非洲国家，推动落实农村清洁能源和环境友好型农业项目；针对非洲城市化趋势，支持智慧型城市建设和绿色基础设施项目，解决城市基层民众关切；选择试点国家，推出国别层次的"水—能源—粮食行动计划"。在太平洋岛国地区，开展居民饮用水、节水节能、污水处理和固体废物处理等项目。在拉丁美洲国家，开展清洁能源合作和跨境热带雨林保护项目，并可试点建设环

保产业示范基地，探索环境综合解决方案。

六、加强国际合作，支持多边平台

生态环境保护是全球性议题，离不开国际社会的共同支持，国际组织作为多边合作的平台，能够在其中发挥有效的协同作用。中国在坚持双边合作基础上，还可扩大与国际组织的合作，更多地参与到多边环境治理体系中，支持国际组织发挥更大作用。

中国可逐步增加对联合国环境署和人居署的捐款，促进全球生态环保议程的落实；充分利用全球环境基金、绿色气候基金等多边资金平台，选择适宜领域和方向，增加注资规模，开展项目合作。利用多边平台，促进区域合作，与联合国环境署共同筹建"一带一路"绿色发展国际联盟，可通过援助资金支持各国分享绿色发展的理念、政策与实践，提高发展中国家可持续发展和生态环保公众意识与能力；同时广泛吸收企业和私营部门参与，撬动市场资金，共同提高生态环境保护及国际产能合作的绿色化水平。

第十章
人道主义援助

　　从 20 世纪 50 年代中国对外提供援助伊始，人道主义援助便是其中重要组成部分。在 60 多年的实践中，中国恪守人道主义原则，逐步形成了具有中国特色的人道主义援助模式。近年来，随着国际人道主义形势日益严峻，国际社会和受援国对中国的期待不断提升。中国全面回应全球人道主义危机，不断加大援助规模，并提出"中国方案"，成为全球人道主义援助的积极参与者。针对非洲埃博拉严重疫情、尼泊尔地震、加勒比海地区地震和飓风、非洲干旱、叙利亚战乱等重大自然灾难和人道主义危机，中国及时响应国际社会呼吁，第一时间开展人道主义援助，帮助受灾国减轻灾害影响，尽快重建家园。中国通过在人道主义领域的援助实践，彰显了中国道义，获得了国际赞誉。

第一节
中国对外援助在人道主义领域的实践

一、提供紧急人道主义援助

近年来，世界范围内地震、飓风、洪涝、干旱等自然灾害和战乱、冲突频发。为帮助受灾国开展紧急救援、减少人员伤亡和财产损失，中国及时向受灾国家提供紧急人道主义援助，包括提供紧急救灾物资或现汇援助、根据实际需要派遣救援队和医疗队、向国际组织提供紧急人道主义捐款等具体方式。据不完全统计，2013—2017 年 5 年间，中国政府共向 70 余个国家和国际组织提供人道主义援助 190 余次 [①]，在快速响应

[①] 数据来源：《中国商务年鉴 2014》，北京：中国商务出版社，2014 年，第 359 页；《中国商务年鉴 2015》，北京：中国商务出版社，2015 年，第 408 页；《2014 年全国商务工作年终综述：深化改革 对外援助工作实现新发展》，商务部网站 2015 年 2 月 11 日，http://www.mofcom.gov.cn/article/i/jyjl/k/201502/20150200895919.shtml；《中国商务年鉴 2016》，北京：中国商务出版社，2016 年，第 416 页；《2016 年商务工作年终综述之十五：高举互利共赢旗帜 积极履行国际义务》，商务部网站 2017 年 1 月 6 日，http://www.mofcom.gov.cn/article/ae/ai/201701/20170102501755.shtml；《2017 年商务工作年终综述之十一：积极开展对外援助，助力构建人类命运共同体》，商务部网站 2018 年 1 月 11 日，http://www.mofcom.gov.cn/article/zt_qgswgzhh2017/gzzs/201801/20180102697121.shtml。

自然灾害救援、抗击传染病疫情、落实紧急粮食援助、解决地区难民问题等方面，彰显出负责任大国形象，有效缓解了人道主义危机，坚定了广大发展中国家对中国在关键时刻靠得住、帮得上忙的信心。

（一）快速响应自然灾害紧急救援

受自然灾害的突发性强、破坏力大、次生灾害风险高等因素影响，对自然灾害的紧急响应行动时间紧、任务重。每一次开展海外紧急救灾行动，中国都会在第一时间启动对外人道主义紧急援助部际工作机制，多个政府部门通力协作，紧急组织物资采购和运输，派出救援队和医疗队赶赴灾区一线，以最短时间响应受灾国急需，关键时刻"雪中送炭"。

自 2013 年以来，中国先后向尼泊尔、柬埔寨、越南、缅甸、塔吉克斯坦、阿富汗、马尔代夫、巴基斯坦、斯里兰卡、墨西哥、智利、马达加斯加、斐济、密克罗尼西亚、塞拉利昂、埃塞俄比亚等遭遇地震、飓风、泥石流、洪涝、干旱、火山喷发等严重自然灾害的国家提供紧急人道主义救援。根据受灾国实际情况和救灾需求，中国提供现汇援助，捐赠帐篷、折叠床、清洁水、应急灯、便携发电设备、冲锋舟等救灾物资，派出搜救和医护人员，充分体现了"患难见真情"的友谊。仅 2014 年全年，中国就向 10 多个受灾国提供了紧急现汇资金援助 23 笔。2015 年 4 月尼泊尔发生 8.1 级地震，中国政府先后 3 次向尼泊尔政府提供了总价值为 1.4 亿元人民币的紧急援助物资，共派出国际救援队、空军运输机分队、直升机分队、医疗防疫队、交通部队等 8 支救援力量共 1088 人，动用 8 架运输机、3 架直升机和 190 台工程机械等参加救援，是新中国成立以来中国出境实施国际人道主义救援行动规模最大的一次。2017 年 5 月斯里兰卡发生洪灾，中国是提供援助速度最快、金额最大、物资品种最丰富的国家。

（二）全力抗击传染病疫情

应对传染病疫情、防控疫病传播是国际社会的共同责任。近年来，非洲、美洲地区相继爆发传染性疾病疫情，严重威胁当地人民的健康和生命安全。为最大限度减少当地人民的生命损失，中国政府先后针对西非埃博拉疫情、安哥拉黄热病疫情、苏里南和委内瑞拉塞卡疫情、马达加斯加鼠疫疫情、缅甸 H1N1 流感疫情、南苏丹、也门和刚果（布）霍乱疫情等，第一时间向受灾国提供紧急人道主义援助，方式包括提供物资和现汇、派遣医疗救援队、培训当地医护人员、援建实验室和治疗中心、向多边组织捐款等。

2014—2015 年，中国在抗击埃博拉疫情的紧急人道主义援助中贡献突出，先后向 13 个非洲国家提供了 4 轮共计 7.5 亿元人民币紧急人道主义援助。这是新中国成立以来卫生领域最大规模的一次紧急援外行动。在最危难的时刻，中国派出的 1200 名医护人员和公共卫生专家与非洲人民患难与共，做到了"打胜仗、零感染"。中国还用行动履行"疫情

2015 年 4 月，中国救援队在尼泊尔地震灾区参加搜救行动。

不结束，援助不停止"的承诺，在后疫情时期积极支持非洲的医疗卫生系统重建和公共卫生安全能力建设工作。

专栏 10-1：中国援非抗击埃博拉疫情

埃博拉疫情自 2013 年 12 月在几内亚爆发，2014 年初向塞拉利昂、利比里亚等西非国家大面积蔓延并失控。中国政府快速反应，率先驰援，先后向 13 个非洲国家提供了 4 轮共计 7.5 亿元人民币的紧急人道主义援助。中国向疫区国家提供紧急物资援助，包括灾区急缺的防护物资 1200 吨、粮食 5500 吨，是累计提供援助物资最多的国家之一。中国派出多支援非抗疫军地医疗卫生队伍，开展疫情防控、实验室病毒检测、病人留观和治疗、当地医护人员培训等工作，并为疫区援建塞拉利昂生物安全实验室、利比里亚埃博拉治疗中心等 10 余个项目，其中利比里亚埃博拉治疗中心从开工到高质量竣工仅用了 20 多天。此外，中国还选派公共卫生专家参与联合国特使团、世卫组织驻非洲国家工作组。据不完全统计，中国向 3 个疫区国家和周边 7 个国家共派出近 1200 名医护人员和公共卫生专家，累计留观诊疗相关病例 900 多例，检测样本近 9000 份，培训当地医护人员 1.3 万人次。

中国还积极与国际机构及有关国家开展合作，共同抗击埃博拉疫情，包括向联合国应对埃博拉多方信托基金捐款，向世界卫生组织、世界粮食计划署、非盟直接捐款等。

在疫情之后，中国参与非洲疾控中心等公共卫生防控体系和能力建设，支持中非医院开展示范合作、加强专业科室建设。2015 年 11 月，中国政府向塞拉利昂、利比里亚和几内亚三国提供了应对埃博拉的第五轮援助，支持疫区国家做好抗埃收尾工作，包括继续派遣病毒监测队，向留观诊疗中心派遣轮换人员，运营利比里亚治疗中心并移交对方，继续提供必要医护物资，做好当地人员培训工作，向联合国、世卫组织和非盟等提供必要资金支持。

时任联合国秘书长潘基文评价："中国援助速度快、规模大、领域广，特别是中方迅速响应非洲国家领导人和世界卫生组织的紧急呼吁，令人瞩目。中方援助形式多样，提供的资金、人员和物资援助都是疫区国家最迫切需要的。"

2014 年 8 月 11 日，中国援助的医疗用品抵达几内亚科纳克里机场。中国向塞拉利昂、利比里亚和几内亚等埃博拉疫情蔓延国家提供了价值 490 万美元的医疗用品援助。

（三）紧急提供粮食援助

受极端天气和战乱等因素影响，全球粮食不安全问题日趋突出，处于粮食危机中的人口数量不断攀升。中国积极承担作为农业大国的国际责任，向受灾国提供紧急粮食援助，满足饥饿人群的迫切需求，帮助受灾国政府缓解粮食供给压力，为推动全球实现 2030 年可持续发展目标中的"消除饥饿，实现粮食安全"作出了积极贡献。

2016 年，强厄尔尼诺现象使非洲面临 30 年来最严重饥荒，受灾人口超过 3500 万人，尤以非洲东部、中部和南部灾情最为严重。针对此次严重饥荒，中国政府及时启动紧急人道主义援助部际工作机制，开展了中共十八大以来最大规模的对外紧急粮食援助行动，向埃塞俄比亚、索马里、南苏丹、马拉维、莫桑比克、吉布提、津巴布韦、乌干达等非洲

14 个国家提供大米、营养补充品等粮食援助，上千万人从中受益。2017年斯里兰卡遭受干旱、洪水灾害双重打击，水稻产量创过去 10 年新低，灾民超过 100 万，中国分 3 批向斯方提供了 2700 吨大米的人道主义粮食援助。同时，中国政府通过世界粮食计划署分别向索马里、南苏丹、尼日利亚、也门、肯尼亚、埃塞俄比亚、伊朗、尼泊尔等多个面临粮食危机的国家提供粮食援助，帮助最脆弱群体实现粮食安全。

（四）积极应对难民和移民危机

自叙利亚危机以来，中国多次通过各种渠道向叙利亚提供人道主义援助，并向流落到土耳其、黎巴嫩、约旦等国的叙利亚难民提供援助，帮助难民来源国和接收国应对难民和移民危机。2014 年，为帮助巴基斯坦受塔利班武装冲突影响的北瓦济里斯坦难民渡过难关，中国政府提供

2017 年 3 月，在约旦扎塔里难民营，叙利亚难民从联合国世界粮食计划署的仓库中领取中国政府援助的食品。

了 5100 万元人民币的紧急人道主义物资援助。2015 年 12 月，中国援助阿富汗与巴基斯坦边境的巴方难民 3.5 万条毛毯和 5000 顶帐篷，帮助阿政府妥善安置境内难民。2017 年，针对缅甸若开邦难民安置问题，中国向缅甸援助 100 套活动板房，并向大批涌入孟加拉国的难民运送 150 吨紧急人道主义物资，包括 2000 顶帐篷和 3000 条毛毯等。

为落实李克强总理 2016 年 9 月 19 日在第 71 届联合国大会解决难民移民大规模流动问题高级别会议上宣布的人道主义援助举措，中国商务部向联合国难民署、世界粮食计划署、联合国儿童基金会、世界卫生组织、国际移民组织和红十字会国际委员会分别提供 100 万美元，帮助有需要的国家应对人道主义危机。目前，中国已通过国际组织向叙利亚、黎巴嫩、阿富汗、伊拉克等国境内难民和流离失所者提供医疗卫生、生活物资、慈善午餐、临时住所、水处理等多种形式的人道主义援助，累计受益人口超过 500 万人。

二、支持灾后恢复与重建

中国始终关注对受灾国长远可持续发展的支持，在紧急救援阶段结束后，继续向受灾国提供人道主义援助，帮助其开展灾后恢复重建工作。中国政府、企业、社会组织等各方力量共同参与，向受灾国家和民众灾后恢复、重建家园伸出援手。

（一）开展灾后恢复重建项目

根据受灾国实际需求，中国政府、社会组织和企业在受灾国家的灾后恢复重建阶段积极发挥作用，帮助其尽快恢复正常的生产生活秩序。中国在 20 世纪六七十年代援建的"中巴友谊公路"喀喇昆仑公路因

2010 年地震山体滑坡形成堰塞湖而阻断，中国通过援助资金实施修复贯通工程，使这条巴基斯坦北部地区唯一的对外经济生命线时隔 5 年后重新贯通，极大便利了中巴两国的陆路往来。2013 年菲律宾遭受超强台风"海燕"袭击后，中国红十字会在重灾区塔克洛班市第一时间启动重建工作，与菲律宾红十字会开展合作，在当地选择 11 所受灾较为严重的学校，共援建了 166 套临时校舍，总计 10000 平方米。中国国家电网向菲律宾灾区捐款 10 万美元，支援菲律宾国家电网电力抢修和灾后重建。

（二）提供一揽子灾后重建援助方案

中国还十分注重为受灾国提供多领域、综合性的重建援助方案，为受灾国整体重建计划提供系统支持。2015 年 6 月，中国政府宣布为尼泊尔提供震后重建的一揽子中长期援助，覆盖基础设施修复、北部地区灾

2014 年 2 月 10 日，中国红十字会在菲律宾台风"海燕"重灾区援建的 166 套临时校舍正式移交菲方，令当地近万名学生受益。

后民生恢复、文物古迹修复、灾害防治能力建设、医疗卫生合作等领域。其后陆续启动了包括修复加德满都杜巴广场九层神庙、北部重灾区学校重建、建设尼泊尔地震监测台网、修复沙拉公路、保通阿尼哥公路等多个援助项目。为支持非洲疫区国家后埃博拉时期的经济复苏和社会重建，2015年12月习近平主席在中非合作论坛约翰内斯堡峰会上宣布开展"中非公共卫生合作计划"，按照"非洲需要、非洲同意、非洲参与"的原则，支持非洲健全公共卫生体系和政策，帮助非洲国家提升传染病防控体系水平，提高应对突发公共卫生事件的能力。

专栏 10-2：厄瓜多尔震后重建的"中国力量"

2016年4月16日，厄瓜多尔爆发7.8级强震，造成重大人员伤亡和财产损失。厄官方数据显示，约2.8万处公共住宅需要重建或修复，至少87所学校受损，12万名学生上学受到影响，至少51所医疗卫生机构受到不同程度损坏。

中国政府及社会力量第一时间向厄瓜多尔伸出援手，并积极参与震后重建，在住房、医疗、人力资源、防灾减灾软件和硬件等方面继续提供支持。针对厄瓜多尔实际需要，中国政府启动了援建"两家医院、三个安置点"计划，其中由中工国际负责重建的乔内医院可为50万当地居民提供医疗服务。

地震发生时，中国电建集团承建的科卡科多·辛克雷水电站首批4台机组发电仪式仅仅过去3天。地震导致厄瓜多尔多座当地电站遭到破坏，国内电力供应骤然紧张，而辛克雷水电站没有丝毫损坏，在关键时刻顺利供电，为厄瓜多尔灾后重建作出了贡献。2016年11月18日，作为厄瓜多尔能源建设史上第一大工程，这座经过地震考验的"中国制造"水电站在中国国家主席习近平和厄瓜多尔总统科雷亚的见证下，正式宣告竣工，将满足厄瓜多尔40%的电力需求。

三、提高防灾减灾能力

受经济发展水平限制，多数高灾害风险的发展中国家在防灾减灾上投入较少、能力较弱。为了帮助相关国家克服资金和技术瓶颈，中国将帮助受援国从根源上提升应对灾害自主力和复原力作为人道主义援助的主要目标之一，通过援建灾害管理设施、提供防灾设备、开展能力培训、帮助制定政策规划等方式，切实加强受援国灾害风险管理和防灾备灾、抗灾救灾、灾后复原等方面的能力建设。

为帮助相关国家提升灾害预警能力，中国组织实施了一批气象观测、灾害监测援助项目。在与世界气象组织和非洲有关国家反复协商、派专家组到非洲实地勘察的基础上，2013 年起中国在科摩罗、津巴布韦、肯尼亚、纳米比亚、刚果（金）、喀麦隆和苏丹 7 个国家建设气象设施，以提升这些国家的气象灾害监测、预报、预警和服务能力，建设内容覆盖气象观测、信息网络与数据处理、气象信息发布与服务、灾害预警等。目前七国项目已全部完成并发挥积极作用，如津巴布韦的气象防灾预警能力提高了 60%，援建肯尼亚的雷电监测设备填补了非洲在雷电探测领域的空白。2015 年针对缅甸暴雨洪水，中国政府向缅甸赠送了气象演播系统，帮助其提升公共气象服务和早期预警发布能力。

（一）提供防灾备灾设备和创新技术

中国向相关国家提供救灾储备物资，包括救援车辆、帐篷、折叠床、被子、蚊帐等各类应急备灾设备。例如中国向蒙古国提供消防车、消防水泵、单兵灭火装备等森林防火设备，并提供现场培训和技术服务，提升了蒙古国应急部门的消防装备水平。此外，中国还运用创新技术帮助相关国家更好地应对自然风险挑战。中国与联合国开发计划署合作，将最先进的无人机技术应用于马尔代夫的人道主义保护，借助无人机进行灾害预防及应对，监测海平面上升和洪水等状况。中国向厄瓜多尔提供遥感卫星防灾救灾技术支持，通过联合国捐赠的 30 米分辨率全球地表覆盖数据（GlobeLand30）可为全球防灾减灾提供全新的基础数据。

（二）支持防灾减灾能力建设

作为自然灾害频发国家，中国具有丰富的防灾减灾经验。与相关国家分享防灾减灾经验，帮助其开展防灾减灾能力建设，是中国人道主义援助的重要内容。中国为发展中国家的各类人员开展培训，涉及气象灾害早期预警、防洪减灾技术与管理、应对气候变化的防灾减灾措施及技术培训、灾害管理和人道主义救援、地震灾害紧急救援、灾害预防及灾后恢复管理、基于卫星技术的灾害信息综合管理、气候变化与农业防灾减灾等专题。中国以技术援助形式，帮助孟加拉国编制防洪规划，指导该国防洪工程和非工程体系建设，有效提升了孟加拉国水利管理和防洪抗洪能力。2017 年厄瓜多尔发生地震后，中国为其援建了公共安全应急指挥中心联合实验室，帮助其提升灾害应对能力。

第二节
人道主义援助领域的新趋势

一、人道主义形势空前严峻

（一）人道主义危机的复杂与严重程度加深

当前自然灾害、公共卫生、武装冲突、恐怖主义、难民危机等造成的灾难层出不穷，全球传统与非传统人道主义危机相互交织、频发高发，全球正面临二战以来最严重的人道主义危机。现阶段人道主义灾害表现出前所未有的复杂性：类型更多样、发生频率更高、持续时间更长、危害程度更深、影响范围更大、人为冲突和自然灾害并存，对当前国际形势构成空前严峻的挑战，并已突破发展中国家范畴，成为全球共同面临的安全与发展难题。

《全球风险报告》①公布的 2018 年影响最大的前十大风险中包括极端天气、自然灾害、水危机、粮食危机、大规模难民与移民问题、传

---

① World Economic Forum (WEF), The Global Risks Report 2018, 13th Edition, 2018, Geneva, http://wef.ch/risks2018.

染病扩散等，这些将直接加剧全球人道主义危机的严峻形势。一是频发且持续的自然灾害。气候变化和极端天气加剧了自然灾害的发生频率、持续周期和破坏力，也极大增加了恢复成本，仅2016年一年全球自然灾害就造成了约3.77亿人受灾和924亿美元的损失[①]。二是持续增长的大规模难民与流离失所者。因冲突、迫害、暴力、自然灾害等原因被迫离开家园的人数已超过1945年以来的任何时期，目前全球难民和流离失所者人数已近8000万，这一数据仍在增加，仅叙利亚平均每天就有多达7700人流离失所。[②]2017年全球新增流离失所者共3060万人，其中39%系受战乱冲突影响，同比2016年增加了一倍，61%系因自然灾害而流离失所。[③]三是不断恶化的粮食危机。受到冲突、厄尔尼诺现象和气候变化等因素持续影响，全球粮食危机达到前所未有的严重程度。2017年共有51个国家和地区的1.24亿人口面临粮食不安全，比2016年增加了11%，主要源于缅甸、尼日利亚、刚果（金）、南苏丹和也门日益严重的冲突以及非洲地区的旱灾[④]。

（二）人道主义援助需求日渐加剧

不断涌现的多种灾难和长期日益恶化的冲突导致需要人道主义援助和保护的人数在过去十年内不断上升。2017年，联合国发布的全球人道主义援助需求已达到240亿美元，创历史新高，1.05亿人口亟需人道主

[①] Centre for Research on the Epidemiology of Disasters, Humanitarian Funding Updates, December 2016.

[②] 数据来源：联合国新闻网，https://news.un.org/zh/story/2018/04/1006652。

[③] Internal Displacement Monitoring Centre (IDMC), Global Report on Internal Displacement 2018, May 2018, http://www.internal-displacement.org/sites/default/files/publications/documents/2018-GRID.pdf.

[④] Food Security Information Network (FSIN), Global Report on Food Crisis 2018, March 2018.

义援助。[1]

但与此同时，人道主义援助需求的规模与满足需求的可用资源之间的差距依然在持续扩大。据联合国发布的《2018 年全球人道主义概况》[2] 报告显示，2017 年联合国共募捐人道主义援助资金 126 亿美元，用于应对尼日利亚、也门、南苏丹和索马里四国的严重饥荒，孟加拉国的罗兴亚难民危机，也门、叙利亚、刚果（金）、中非武装冲突以及加勒比海飓风等灾难。十年前，126 亿美元的一半就足以满足由联合国协调的全部募捐需求，但是在 2017 年却仅仅能够满足需求的 52%，仍有 48% 的资金缺口。由此可见，如今的人道主义行动成本已大幅上升，人道主义援助资金严重短缺。

二、人道主义援助领域的国际新形势

（一）人道主义援助参与主体多元化

当前，参与人道主义援助的主体日渐多元化，主要包括援助国政府、军方、联合国等国际组织、非政府组织、私人捐赠者等。人道主义危机发生之后，不同援助主体通过不同路径使援助抵达终端受援者（如图10-1 所示）。

---

① United Nations Office for the Coordination of Humanitarian Affairs (OCHA), Global Humanitarian Overview 2018, 27 November 2017, https://www.unocha.org/sites/unocha/files/GHO2018.PDF.

② Global Humanitarian Overview 2018，the United Nations Office for the Coordination of Humanitarian Affairs (OCHA), 27 November 2017, https://www.unocha.org/sites/unocha/files/GHO2018.PDF.

图 10-1：人道主义援助参与主体

传统援助国（OECD-DAC 成员国）依然是人道主义援助最主要的提供方，2016 年提供的资金约占全球人道主义援助资金的 70%[①]。近年来，传统援助国将人道主义危机、难民危机视为影响自身安全与发展的根源因素，因此对这一领域的投入越来越大，希望借助援助手段从根源上遏制涌向他们本国的难民和流离失所者浪潮，从而减缓人道主义危机对本国的辐射干扰。传统援助国的人道主义援助规模在 2007 年仅为 66 亿美元，到 2015 年已达到 134 亿美元，增长了一倍，2016 年又增加至 144 亿美元。与此同时，传统援助国用于应对本国难民危机的援助资金也在大幅攀升。2015—2016 年间，DAC 成员国用于本国难民援助的资金上升了 27.5%，从 2015 年的 121 亿美元增长至 154 亿美元，首次超过了投入海外人道主义援助的资金规模，占官方发展援助（ODA）的比重也从 9.2% 提高至 10.8%。从数据可以看出，如果将统计中的人道主义

[①] UN Office for the Coordination of Humanitarian Affairs (UNOCHA), World Humanitarian Data and Trends 2017, 13 Dec 2017.

援助和本国难民援助数据加起来，DAC 成员国在这一领域的援助总投入占 ODA 总额的比重已高达 21%，而这一占比在 2013 年以前长期维持在 10% 左右。因此，人道主义援助（包括难民援助在内）已成为继经济基础设施之后的第二大援助领域。

图 10-2：DAC 援助国的 ODA 净支付额变化图

单位：十亿美元

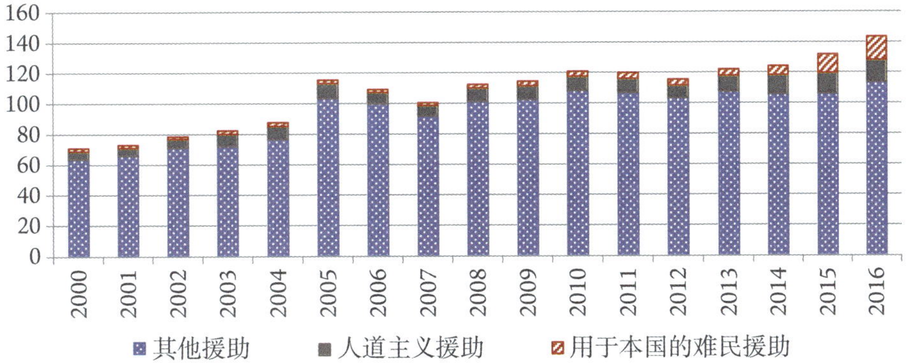

资料来源：OECD 数据库

　　新兴经济体参与人道主义援助规模也在上升。一些新兴援助国也面临人道主义危机或难民问题，一些国家处于自然灾害频发或受气候变化影响突出的地区，周边国家发生自然灾害、动乱冲突都直接影响本国的安全和发展。因此，对新兴援助国而言，对外提供人道主义援助既是对邻国的无私帮助，也是促进地区和平发展的重要方式。据 OECD 不完全统计，2014 年新兴援助国的援助规模约 328 亿美元，较 2010 年增长了近 2 倍，人道主义援助是其中主要的增长因素。2016 年新兴援助国的人道主义援助规模约为 15 亿美元。①

---

① UN Office for the Coordination of Humanitarian Affairs (UNOCHA), World Humanitarian Data and Trends 2017, 13 Dec 2017.

非政府主体成为一线人道主义援助的主要力量。2016 年非政府主体人道主义捐款达到 69 亿美元，占全球人道主义援助总量的 14%。[①] 目前，世界范围内有上千万个非政府组织，其中一部分主要业务就是开展国际人道主义援助。影响力和能力突出的人道主义非政府组织包括：红十字国际委员会（ICRC）、国际红十字与红新月联合会（IFRC）、国际志愿机构委员会(ICVA)、人道主义救助管理委员会(SCHR)、乐施会(Oxfam)、国际救助贫困组织 (CARE)、救助儿童（Save the Children）、国际美慈组织（Mercy Corps）、无国界医生（MSF）、世界宣明会（WVI）等。在许多发展中国家，非政府组织蓬勃发展。非政府组织了解当地需求、扎根社区和民众，因此可以迅速召集志愿者和当地资源在第一时间开展救援，是一线紧急响应的主要力量。许多援助国和国际组织通过资助当地非政府组织开展人道主义援助活动。此外，随着大量私营部门在发展中国家开拓海外市场，企业也成为在受援国开展人道主义救援的重要力量，这也是企业社会责任的体现。这些企业中既有大型跨国公司，也不乏在发展中国家深耕细作的中小企业，它们除了提供资金、救援设备和物资以外，还可以根据各自业务特点，在保障通信、提供物流运输支持、保障电力供应等方面为紧急援助提供支持。在人道主义援助的最前线，大量非政府组织、企业和志愿者等非政府主体的参与，既可以带领当地民众实现第一时间的自我救助，又有效地克服了人道主义援助中的"政府失效"和"组织失灵"。

（二）人道主义援助与发展援助结合成为新常态

长期以来，国际发展合作领域将人道主义援助与发展援助区别看待，

---

① UN Office for the Coordination of Humanitarian Affairs (UNOCHA), World Humanitarian Data and Trends 2017, 13 Dec 2017.

前者以短期应急为主，后者以长期发展为主，在援助理念、项目管理和实施中均相互区别、相对独立。随着人道主义危机的长期化与复杂化程度不断加深，当前的人道主义问题已突破原有范畴，与减贫、可持续发展、气候变化、和平安全等长期性议题相互交织、相互作用。政局动荡以及诸如干旱等长期自然灾害使受灾国本就脆弱的应对能力雪上加霜，这种情况下，短期的紧急人道主义危机将转化成长期的发展问题。

当今形势要求"人道主义和援助之间要有更大的一致性和互补性，从而满足发展、安全与和平的目标，并连接紧急救援与其他援助方式"[①]。人道主义机构在紧急深入现场、快速反应方面具有优势，发展机构在制订长期可持续方案方面富有经验，因此，二者的结合意味着人道主义援助将不仅限于灾后紧急救援，还将在防灾减灾、灾情预警、灾后救援、灾后重建整个长周期中与发展援助对接，这种相互配合的形式已逐步成为常态。

国际社会普遍反映，发展机构和人道主义机构与受援国之间应更好地协调合作，更有效地利用人道主义援助资金，加强人道主义需求与长期发展援助重点之间的平衡。当前面临的严峻挑战决定了人道主义和发展不再是彼此割裂甚至相互竞争的，发展援助与人道主义援助的紧密结合、灵活配合，将极大提升援助效率和效果，也是推动国际援助格局进入新阶段的必然方向。

（三）加强国际协调已成为人道主义援助的关键内容

当前，联合国在人道主义援助国际协调中的领导角色越来越突出。

[①] Time to Let Go: Remaking humanitarian action for the modern era, Humanitarian Policy Group, Overseas Development Institute, April 2016.

统计数据显示，2016 年全球人道主义援助资金总额高达 272 亿美元，其中 119 亿美元为联合国募捐所得的联合行动资金，共有 644 个人道主义机构参与了联合国的人道主义响应呼吁。[①] 联合国在长期实践中，逐渐形成了一整套人道主义援助协调管理机制。在全球层面，有两个主要核心机构：一是联合国人道主义事务协调办公室（OCHA），负责联合国机构内部人道主义事务协调和运作；二是机构间常设委员会（IASC），负责处理联合国机构与非联合国人道主义合作伙伴间的政策协调和发展决策。在国家层面，有三大协调管理角色：一是人道主义协调员或驻地协调员；二是人道主义国家队；三是 11 个领域协调小组[②]。这三种角色由上至下，覆盖人道主义援助的领导、管理、牵头和执行，负责与受灾国政府、国际组织、非政府组织和受灾地区合作，确保最大限度地调动各类资源。

近年来，国际社会普遍呼吁加强人道主义援助的国际协调，提高援助效率，以适应日益严峻的人道主义形势。2016 年 5 月召开的首届世界人道主义峰会，其中一项关键议题就是加强国际协调。作为会议成果，与会援助国和援助机构通过了旨在加强协调的"全新工作方式"倡议，即援助国政府、国际组织、金融机构、非政府组织、企业和其他参与方，通过联合评估、联合规划、联合筹资、联合行动等方式发挥各自优势。

---

① 数据来源：UN Office for the Coordination of Humanitarian Affairs (UNOCHA), World Humanitarian Data and Trends 2017, 13 Dec 2017.

② 下列机构被分别指定为 11 个协调小组在全球层面的领导机构：粮食安全（粮食计划署、粮农组织）、难民营协调和管理（难民署、国际移民组织）、早期恢复（开发计划署）、教育（儿基会、救助儿童会）、紧急避难所（难民署、红十字会与红新月会国际联合会）；紧急通讯（粮食计划署）、健康（世卫组织）、后勤（粮食计划署）、营养（儿基会）、水和卫生（儿基会）、保护（难民署负责境内流离失所者问题、人权事务高级专员办事处和儿基会负责其他灾害与平民问题）。这 11 个小组在现场救援中主要协调联合国机构、非政府组织有序参与救援，各机构根据各自擅长领域在相应的小组报备，小组成员单位共同跟踪分析灾难信息、协商救援计划和地点、调配救援力量到不同任务点执行救援工作。

其中一项措施是启动"大交易"（Grand Bargain）人道主义筹资改革方案，即根据援助国政府与执行机构共同达成的协议，使紧急援助的筹资和供资方式更为灵活。主要内容包括：增加对一线人道主义援助人员的直接捐款、减少管理成本、增加透明度、增加多年基金和使用现金的响应方式、加强人道主义机构与发展机构的合作等。目前有包括援助国政府、联合国机构、红十字与红新月运动等非政府组织在内的共 52 个援助方承诺支持这项方案。

三、中国开展人道主义援助的新特点

近年来，随着综合实力的不断提升，中国政府不断加强对人道主义援助的支持力度，体现了大国担当。国家"十三五"规划明确提出"加大人道主义援助力度"，这是人道主义援助第一次写入国家五年规划，体现了对人道主义援助重视程度的加深。中国领导人在中非合作论坛约翰内斯堡峰会、联合国难民峰会、"一带一路"高峰论坛、金砖国家领导人厦门会晤等国际场合相继宣布人道主义援助新举措，彰显了中国为

2016 年 5 月 23 日，首次世界人道主义峰会在土耳其伊斯坦布尔举行。

国际人道主义作出更大贡献的决心。新时期的中国人道主义援助呈现出以下特点。

（一）协调管理机制日渐成熟

中国的人道主义援助以官方为主导，具备快速高效的突出优势，在长期实践中形成了国内管理人道主义援助的协调机制。2004年商务部、外交部、总参谋部建立对外人道主义紧急救灾物资援助部际工作机制，政府和军方在紧急物资援助上形成有效配合、反应快速的工作模式。2016年4月，对外人道主义紧急援助部际工作机制成立，商务部、外交部、财政部、民政部、卫生计生委、地震局、民航局、中国红十字会等八家单位①，在应对自然灾害、事故灾难、公共卫生和武装冲突共四类灾害提供援助时，发挥成员单位专业优势，统一规划、分工配合、对外统一协调，统筹官方渠道的人道主义援助。协调机制成立以来经受了一次次海外救援的考验，在制订预案、配置资源、筹措物资、落实运输、军民互补、内外协调等方面积累了有益经验。

在接到受灾国政府援助请求后，国内根据灾情确定响应级别，中国驻当地使领馆负责与受援国政府沟通，确定援助需求，商务部统筹各部委行动，民政部、中国红会、卫计委、军方负责调拨国内物资，在物资抵达当地后移交受援国政府或军方处置，地震局、红会、卫计委和军方在必要时派出救援人员，其他协调机制单位提供支持保障。在受灾国现场，紧急人道主义援助主要由中国驻外使领馆统筹领导，对抵达前方的

① 笔者认为，2018年政府机构改革后，根据机构职能变动，协调机制中的商务部将调整为国际发展合作署、民政部调整为应急管理部、卫生计生委调整为卫生健康委。一直以来，商务部作为对外援助主管部门牵头协调机制，2018年机构改革后，随着商务部对外援助的归口管理调整至新成立的国际发展合作署，协调机制的牵头职能也将相应划归至国际发展合作署。因协调机制的调整还未确定，本书延用原来的机构名称，后文不再作特别说明。

救援人员提供协助。

（二）援助队伍走向专业化

政府和军队的官方主体是中国参与紧急人道主义援助的主要力量，具体包括地震局派出的中国国际救援队、红会派出的救援队、卫计委派出的医疗队和防疫队、民政部派出的灾害评估组、军队派出的"和平方舟"医疗船和医疗救助人员等。

近年来，中国在人道主义援助中的作用不断提升，中国的救援力量已纳入国际人道主义援助体系，在专业和能力上处于世界领先水平。在搜救方面，2000年中国正式成为国际搜索与救援咨询团（INSARAG）成员国；2009年中国国际救援队通过联合国重型救援队测评，成为世界第十二支、亚洲第二支通过联合国测评的重型救援队，并于2014年通

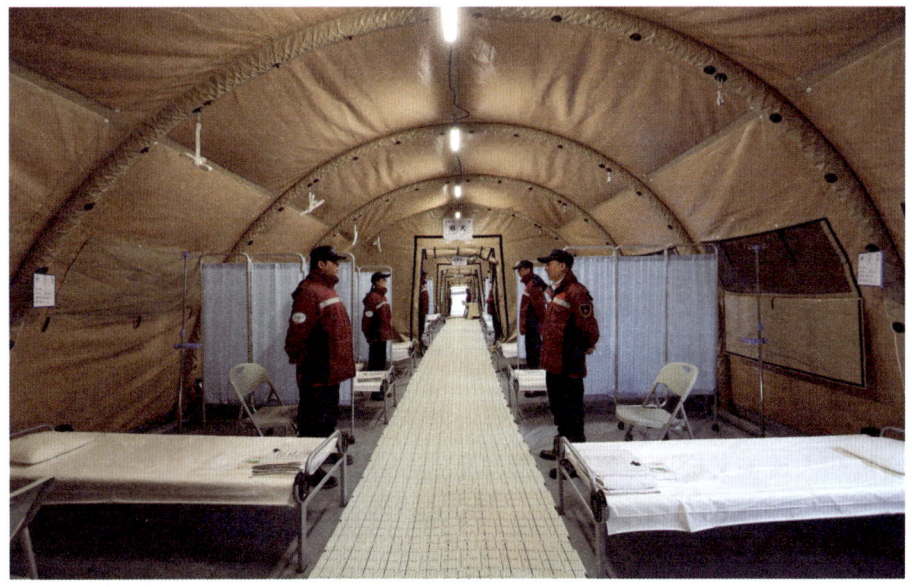

2016年5月，中国国际应急医疗队（上海）成为全球首批世界卫生组织官方认证的救援队。图为中国国际应急医疗队（上海）基地。

过重型救援队复评，标志着中国紧急救援队伍的国际化、专业化水准再一次得到了国际社会的认可。在医疗救援方面，截至2018年5月，中国共有三支获得世界卫生组织认证的国际应急医疗队（EMT），分别由上海东方医院、广东省第二人民医院和四川大学华西医院牵头筹建，其中华西医院建立的中国四川国际应急医疗队是全球第二支、中国第一支世界最高级别的第三类EMT。

中国派出的救援队和医疗队作为联合国认证资质的专业救援队伍，在国际救援中发挥了重要作用。中国国际救援队多次作为第一支抵达受灾国的救援队，负责设立现场协调指挥中心（OSOCC），为联合国框架下的多国协调提供支持。中国医疗队在应对埃博拉疫情时作出了巨大贡献，在支持世卫组织发挥领导角色、参与国际协调合作中表现突出。由于亚太地区地震多发，近年来中国救援队与其他国际救援队在亚太区域范围内开展国际联合演练，并为东盟国家开展救援培训，与其他国家分享中国救援技术与经验，取得了良好的效果。

（三）援助方式与时俱进

首先，中国积极顺应国际人道主义援助新趋势和新变化，注重将援助覆盖灾前防灾备灾、灾时救灾抗灾、灾后恢复重建各个阶段，援助方式多种多样，包括提供物资、粮食和现汇，派遣各个领域的专业救援人员，开展能力建设和技术合作，提供多边捐款等。与此同时，中国致力于解决引发人道主义危机的根源性问题，提出发展是解决一切问题的总钥匙，将短期人道主义援助与长期发展援助有机结合，帮助受援国解决滋生冲突的深层次、根源性问题，成为全球和区域人道主义援助的重要力量。

其次，中国人道主义援助坚持多双边并举，在坚持双边为主的同时，积极发挥联合国等多边渠道的机构优势与平台作用，通过向联合国等多边组织定期捐款、委托多边组织实施人道主义援助项目、在联合国等多边组织同有关国家举办的紧急救援会议上认捐等方式开展多边人道主义援助，积极参与人道主义援助国际协调与合作，大力支持联合国发挥主导和协调作用。中国于2015年设立的南南合作援助基金已成为与多边国际组织开展人道主义援助合作的主要资金工具。近年来，中国在该基金项下支持联合国等机构开展了一系列形式多样的人道主义援助项目，使中国方案与国际优势形成合力，促进人道主义援助更切实地惠及于民。

再次，中国不断发挥人道主义援助优势，在方式上探索创新。2013年菲律宾遭受台风重创，中国"和平方舟"号万吨级医院船首次受命执行海外紧急救灾援助任务，共派出106名医护人员，筹措1277种35吨卫生物资，其设备、物资和人员配置相当于一个移动的三甲医院。在参与救援的16天中，共诊疗病伤员2208人、实施手术44例、走村入户

2017年10月11日，刚果（布）总理穆安巴登上正在刚果（布）进行友好访问的中国海军和平方舟医院船，赞誉医院船为刚果（布）民众提供的免费诊疗服务，称和平方舟以实际行动向世界传递了大爱与和平。

450 余户、送医送药 2600 余人，极大缓解了受援国的救援压力。此后，"和平方舟"号还赴汤加、斐济、瓦努阿图、巴布亚新几内亚、加蓬等国开展人道主义医疗服务。

（四）民间力量成为有力补充

目前，越来越多的中国公益组织和个人"走出去"参与人道主义援助。据不完全统计，目前中国共有民间救援队 700 多支，未形成组织机制的自发或临时性的救援队估计超过 2000 支，2016 年约有 50 多支民间救援队参与了海外救援。中国民间救援力量在 2008 年汶川地震救灾和此后数次国内救灾行动中得到了历练，自发参与海外救援的热情不断高涨，2015 年尼泊尔地震后就有十余支中国民间救援队赴尼参与救灾。这些民间救援队在尼泊尔地震、厄瓜多尔地震等救灾行动中发挥了积极作用，有效配合了官方海外救援。

受援国的中资企业、商会、华侨华人在当地具有资源和网络优势，是中国在救援前方的重要依靠力量。一方面，中资企业、商会和华侨华人组织在中国使领馆指导下参与救援行动，为灾区捐钱捐物、协助运输和分发物资，为救援现场提供应急通信、电力和道路抢修等技术支持；另一方面，他们为抵达当地的中国救援人员提供后勤服务和保障，包括语言翻译、车辆租借、住宿等。此外，中资企业在项目驻地形成了辐射周边社区的救援网络，组织当地民众自救，塑造了良好形象。

第三节
中国方案展望

当前，人道主义援助面临的国内外形势已发生深刻变化。国际社会和受援国对中国期望值不断提升，中国人道主义援助能力和在国际体系中的地位也在不断提高。中国将根据自身能力和优势，进一步为应对全球人道主义危机提出中国方案、作出中国贡献。

一、完善内外协调的人道主义援助管理机制

（一）制定人道主义援助法律法规

由于人道主义援助涉及部门众多，为加强人道主义援助管理，保证援助顺利实施，中国政府应在条件成熟时及时制定专门的人道主义援助法律法规，或者将人道主义援助纳入整体对外援助法规中，并在中长期援助规划、年度规划等框架中对人道主义援助提出专门的政策目标和指导，统筹做好对外援助工作。

（二）完善"全政府"参与的协调管理机制

制定部际协调机制的行动指南，明确成员单位的职能分工和权限责任，形成畅通的信息交换沟通渠道。充分发挥中国驻受灾国使领馆的前方统筹作用，发挥中国驻联合国使团与各相关多边组织的多边事务协调作用。广泛吸纳前方救援的参与主体，对接后方国内的紧急救援协调机制。建立专门的人道主义援助专家咨询库，将搜救、医疗卫生和心理健康、疫情防控、气象和气候变化、地质、水文水利、国土资源、农林业等涉及人道主义救援的各专业领域的专家，以及东南亚、南亚、非洲、中东、拉美等地区国别方向的专家纳入咨询库。

（三）建立相对灵活的应急储备金机制

建立专门的人道主义援助应急储备金，将南南合作援助基金、气候变化基金、和平安全基金等已有资金渠道纳入人道主义援助资金申请范畴，明确资金使用细则、申请对象，紧急情况下简化申请和拨款流程。主动发起多年人道主义援助基金和特定区域、领域、国别类专项基金，在东南亚、南亚等自然灾害频发地区发起不同主题或领域的多国援助基金倡议，更主动地发挥引导作用。

二、充分挖掘中国人道主义援助优势

（一）积极传播国内丰富的灾害应对经验

中国本身就是一个自然灾害多发的国家。根据 2018 年中期公布的全球灾害风险指数（INFORM）排名，中国是全球自然灾害风险第五大高发国，风险指数 8.0，但同时中国的灾害脆弱性和应对能力风险指数都非常低。中国在备灾防灾减灾、灾后救援和恢复重建方面的能力与经验有目共睹，应更多地在国际场合主动阐述中国方案、传播中国经验，为发展中国家提供有益借鉴。

（二）加强人道主义援助理论研究

国际上，人道主义援助领域已形成了比较完备的理论体系，而中国长期偏重实践，在国际人道主义学科建设、系统研究方面有待加强。中国应在丰富的实践基础上总结经验、开展理论探讨，一方面可为人道主义援助实践提供理论支撑，另一方面有助于通过研究形成国际议题和核心理念，引导国际人道主义援助发展趋势和战略定位。

（三）定期开展人道主义援助评估

适时公开发布评估简报，形成良好的监督氛围，规避廉政风险；将评估与宣传相结合，一方面有助于塑造良好的国内舆论环境，引导民众增强责任意识、积极参与海外援助，另一方面有助于塑造公开透明的国际形象，有利于今后在人道主义援助国际协调中掌握主动。

三、多层次开展人道主义援助的交流合作

（一）继续加强与国际组织的合作

中国与联合国机构和红会系统的合作已经取得了显著成效，与此同时，中国应进一步探索与专业性强、影响力大的国际非政府组织开展合作，如乐施会、救助儿童会、宣明会、国际美慈组织等。通过交流与合作，学习这些机构在人道主义援助领域领先的援助方式与能力技术，提高中国援助水平。

（二）积极参与多层面的国际协调机制

中国可进一步参与联合国主导的人道主义援助国际协调机制，定期交流援助经验。此外，可积极参与区域协调机制，或自发成立包括不同人道主义援助方的合作机制。例如，在"亚太地区人道主义合作伙伴"（APHP）[①]平台上积极发挥作用；通过"良好的人道主义捐助伙伴"倡议（GHD）[②]更好地与其他援助国开展合作。

（三）引导规范民间力量有序参与

为民间组织参与海外救援提供保障和引导。对民间机构开展国际标准化的培训和演习，进行资质考核和认证，建立民间组织白名单与行动报备机制。与能力突出的民间机构建立长期合作关系，开放救援资金申请渠道、提供国别指导手册、共享灾情信息、提供快速运输与便利通关、前方接待协调等支持，并鼓励民间机构通过联合国和红十字与红新月运动系统与国际社会协调开展救援。此外，充分发挥中国企业的资金优势，弥补人道主义援助资金不足，同时将中国企业的创新技术和研发能力妥善应用于人道主义援助中。

---

① APHP 平台是在联合国 OCHA 召集协调下，由中国、澳大利亚、日本、韩国、新西兰、新加坡6 国于 2004 年 11 月共同发起的，但在执行任务、培训、演练方面尚处于初级水平。

② GHD 于 2003 年发起成立，主要在人道主义筹资、协调和评估方面进行合作，目前已由最初的17 个成员扩大到 42 个，除传统援助国以外，还有新兴援助国和区域组织。2016—2018 年的 GHD主席国是澳大利亚和德国。

第十一章
教育文化援助

　　教育、文化是促进人类生存发展、文明进步的重要因素，是国家和民族发展繁荣的根基。中国深刻认识到支持教育进步、促进文化交流是与发展中国家共同应对发展问题、促进民心相通的重要途径。近年来，中国积极承担大国责任，通过提供发展援助，助力可持续发展目标第四项"实现包容和公平的优质教育，并为所有人提供终身学习的机会"在广大发展中国家得以实现。中国教育文化领域的对外援助涉及基础教育、高等教育、职业教育和特殊教育等方方面面，还通过为发展中国家提供文化体育类基础设施、在南南合作框架下开展技术合作等，促进与发展中国家"民心相通"，深化文明交流互鉴。

第一节
中国对外援助在教育文化领域的实践

一、教育领域

教育援助是指援助国、多边组织、非政府组织及其他私人部门为中低收入国家的教育发展提供贷款、无偿赠款或其他形式（如教师、专业技术、知识、设备、奖学金等）的支持，帮助其提高教育发展水平，进而为其经济社会全面发展提供智力支撑。中国一直致力于促进缩小教育领域的南北发展差距，尤其近年来，中国政府逐步加大教育援助投入。在具体援助领域和方式上，中国主要通过援建或维修中小学校、培养师资力量，促进发展中国家的基础教育发展；通过扩大来华奖学金规模，资助发展中国家的优秀学生，支持青年发展，提高其高等教育水平；通过技术培训、技术援助等，支持发展中国家职业教育和特殊教育的发展。

（一）基础教育

中国通过援建或维修中小学校，有效改善了发展中国家的基础教学环境。2012年以来，中国在非洲和亚太地区修建了一大批中小学校，具

中国援建的纳米比亚毛泽东主席中学于 2016 年 1 月竣工，能够满足 700 名学生就读。

体国别包括赞比亚、肯尼亚、莫桑比克、萨摩亚、坦桑尼亚、秘鲁、纳米比亚、安提瓜和巴布达、塞舌尔、多米尼克、多哥、科摩罗和加纳等。作为落实中非合作论坛南非约翰内斯堡峰会宣布的中非十大合作计划之人文合作的具体举措，中国在非洲陆续建成系列"中非友好小学"，已成为中国对外教育援助的代表性项目。中国还为发展中国家的中小学校无偿提供教学物资援助，例如计算机、教学用具、实验室设备、文体用品等。

> **专栏 11-1：援南苏丹教育综合发展项目**
>
> "南苏丹教育综合发展项目"是中国首个综合性教育援外项目。南苏丹于 2011 年 7 月 9 日建国，是目前世界上最年轻的国家。经过多年战乱，南苏丹政治、经济、社会、教育等各方面亟待发展，而教育更是被其列为仅次于国防的重点发展领域。南苏丹的教育几乎是从零起步，教材及相关教学资源奇缺是最为紧迫的难题。2016 年 11 月 23 日，由商务部立项主导、中南出版传媒集团具体承担的综合性教育援外项目实施协议在南苏丹首都朱巴签署。项目结合南苏丹的国情特点和教育现状，从顶层教育规划、教材开发、教师培训、ICT 教师培训中心建设、教材印刷 5 个模块切入，帮助南苏丹实现"新国家、新教育"的发展目标。该项目有望全面改善南苏丹教育环境，帮助其建成整套现代教育综合发展体系，为这个年轻国家打下扎实的教育基础。

除政府援助支持以外，中国的公益机构、民间组织以及具有发展援助性质的基金会也积极参与到支持发展中国家基础教育事业中。如中国和平发展基金会在 2012 年向缅甸曼德勒第二十一中学捐赠数字教学设备[①]，中国扶贫基金会和中国灵山公益慈善促进会在苏丹开展"微笑儿童"项目，为几所公立小学受饥儿童提供免费早餐，提高当地贫困家庭儿童的入学率，促进儿童教育发展与健康成长[②]。

（二）高等教育

经济全球化和信息高速发展的时代，更需要知识的创造、传播和应用，各国都需要发展高等教育以便在全球竞争中处于有利地位。中国政府为发展中国家援助高等教育基础设施和物资，培养师资，为来华留学

---

① 中国驻缅甸曼德勒总领事馆，http://mandalay.chineseconsulate.org/chn/xwdt/t933015.htm。

② 中国扶贫基金会，苏丹"微笑儿童"项目。http://www.fupin.org.cn/project/GJProject.aspx?id=51。

生提供政府奖学金，以支持发展中国家青年能力提升，促进其高等教育事业发展。

近年来，中国政府援建了一大批高等教育基础设施，包括肯尼亚肯雅塔大学国际语言文化中心、肯尼亚中非联合研究中心、阿富汗喀布尔大学中文教学楼、马里巴马科大学、佛得角萨尔综合学校、瓦努阿图南太大学埃马路斯分校等。帮助各国高校建立、提升专业学科院校建设是新时期中国对外高等教育援助的发展趋势和一大特色。例如为毛里塔尼亚努瓦克肖特大学援建的医学院项目，基础设施总建筑面积8952平方米，包括教学实验楼、行政办公楼、配套动物房、阶梯教室和教师公寓等，并提供了一批教学实验设备。①

除了基础设施项目和物资援助等传统"硬援助"外，中国还通过技

中国援建的马里巴马科大学校区（教学区）部分校舍，项目于2016年8月竣工。

① 中国商务部网站：http://www.mofcom.gov.cn/article/i/jyjl/k/201311/20131100407210.shtml。

术合作等"软援助"形式,为受援国培养医疗卫生、农业和环境生态保护等专业领域的高等人才。中国援非医疗队除了在驻扎医院开展医疗救治、公共卫生领域相关工作外,很多还承担着当地医学院校的学生教学和教师培训任务。例如中国援建的中刚友好医院作为刚果(布)规模最大的医院之一,中国援外医疗队驻扎于此,每年在该医院指导 60—80 名来自医学院的实习生[①]。又如中国援建的肯尼亚乔莫·肯雅塔农业技术大学中非联合研究中心,下设五大专业研究中心,包括非洲生物多样性保护与利用分中心、非洲生态与环境研究分中心、非洲资源遥感联合研究分中心、非洲微生物及流行病控制研究分中心以及现代农业研究与示范分中心,着力解决非洲国家经济社会发展所面临的粮食短缺、环境污染和传染病流行等重大现实问题,并提升非洲国家在相关领域的科技水平和人才培养能力。

2018 年 8 月 16 日,中国驻南非大使馆为获得 2018 年度"中国政府奖学金项目"的南非赴华留学生举行欢送会。

---

① 信息来源:课题组成员刚果(布)调研采访,2017 年 12 月。

此外，中国政府不断支持发展中国家青年来华留学，为其提供涵盖学费、生活补助在内的政府奖学金。根据《中国的对外援助》白皮书显示，2010年至2012年，中国政府共资助76845名留学生来华学习，非洲、东盟、太平洋岛国等地区的欠发达国家是中国政府奖学金的主要投放地区。

（三）职业教育

目前，许多中低收入国家的经济增长出现良好势头，但贫困、失业、失学等问题仍十分突出，成为阻碍这些国家社会和平发展的主要因素。在此背景下，发展职业教育以促进经济发展和人力资源开发的重要意义进一步凸显。中国政府通过对外援助，支持发展中国家改造或新建职业技术培训设施，为其培养更多职业技术人才，增强各国的自主发展能力。

近年来，中国政府相继援建了卢旺达职业技术学校、柬埔寨桔井农校、苏丹恩图曼职业培训中心、利比里亚职业技术培训学校（扩建）、东帝汶外交学习中心等。中国通过来华培训项目、向受援国派遣技术专家、提供综合技术合作方案等方式，促进受援国的职业技术教育发展。例如在埃塞俄比亚，当地政府的施政方针是依托国内劳动力资源丰富、价格低廉的比较优势，积极推动出口导向型农产品加工制造业发展，以缓解国内严重的就业压力，并增加外汇储备。结合埃塞政府的施政重点，中国与其联合开展农业职业技术教育培训，2001—2012年，累计向埃塞派出400余人次，为当地培训农业职业院校教师1800名、农业技术人员35000名。[1]

---

[1] 国务院新闻办公室：《中国的对外援助》白皮书，2014年。

专栏 11-2：苏丹恩图曼职业培训中心及技术合作项目

苏丹恩图曼职业培训中心是中国政府于 1989 年援建的职业技术学校。根据苏丹发展职业教育的实际需要，中国政府于 2013 年对该校进行了大规模提质改造和扩建，并开展了技术合作项目。通过对学校教师及管理人员的培训和指导，帮助其建立现代化职业教育管理运营体系。该技术合作项目坚持"请进来"培训与"走出去"指导相结合、教学指导与职业教育理念培育相结合，邀请苏丹百余名教师和管理人员来华参加培训，派遣十余名国内专家赴苏丹现场指导学校教学和运营管理。在该技术援助项目的基础上，中国将继续深化与苏丹校方以及苏丹职业最高委员会的合作，打造苏丹全国职业教育师资培训基地，帮助苏丹构建现代职业教育管理和评价体系，积极探索文化教育类技术合作项目可复制、可推广的成功模式，逐步将该学校培育成苏丹乃至非洲的职业教育品牌。

二、文化体育领域的对外援助

中国积极支持发展中国家丰富文化生活，依托自身比较优势，帮助发展中国家改善文化活动环境条件，提高体育训练竞技水平以及开展大型赛事活动的能力，促进历史文化遗产保护工作。

（一）援建文化体育类基础设施

文化体育事业的发展离不开国家在相关公共设施上的投入。体育场馆和文化场馆建设一直是中国对外援助的传统优势，新中国成立初期就支持蒙古（1958 年）、印度尼西亚（1963 年）和柬埔寨（1966 年）建设了体育场馆。近年来，中国继续为发展中国家体育运动场馆的建设、维修和升级改造提供力所能及的帮助，受援国包括柬埔寨、格林纳达、加纳、巴巴多斯、塞内加尔、马拉维、萨摩亚、佛得角、几内亚比绍

中国援建的阿尔及利亚歌剧院

等国家。比较有代表性的文化类基础设施项目包括阿尔及利亚歌剧院、塞内加尔黑人文明博物馆、科特迪瓦文化宫升级改造、老挝国家文化宫更新维修等。

（二）文化体育类技术合作

为发展中国家举办大型文化活动提供技术培训，是富有中国文化特色的援助方式，尤其是派遣国内经验丰富的团队帮助组织排练团体操和运动会开闭幕式，都取得了很好的效果。近年来实施的此类技术合作项目包括赞比亚独立 50 周年庆典团体操、刚果第 11 届非洲运动会开闭幕式团体操、瓦努阿图乒乓球教练技术合作等。其中 2018 年缅甸第 27 届东南亚运动会开闭幕式技术合作项目是中国 60 多年对外援助历史上最大的体育文化技术援助项目。中方提供了 100 余位具有丰富经验的专家，涉及导演、灯光、视频、舞台、工程等各类型技术支

中国援助博茨瓦纳独立 50 周年庆典，为其编制剧本、创编表演，派遣专家对博方演员进行培训和技术指导，并提供一批服装和道具等物资。图为庆典中的团体操表演。

持人才。中国专家团队与缅甸导演组通过几百天的紧密合作，共同完成了充满缅甸民族文化特色的运动会开闭幕式。中国还派遣了 28 名体育教练对缅甸运动员进行训练指导，支持缅甸 200 多名运动员到中国参加训练。同时，中国政府还提供给缅甸一大批训练器材、竞赛管理系统设备以及包括赛艇、龙舟、篮球等在内的共 132 类 2928 件比赛设备。[1]

非物质文化遗产的联合保护、研究，以及人员培训、项目交流，也一直是中国文化援助的重要内容。近年来，中国在考古和修缮遗迹领域有不少成功的对外援助案例，包括中国社科院考古所赴乌兹别克斯坦支持考古发掘、中国文物研究所赴柬埔寨支持吴哥窟文物保护、

---

[1] 缅甸金凤凰报社：《中国助力缅甸举办第 27 届东南亚运动会开闭幕式》，http://www.mmgpmedia.com/general-news/4351-27-

内蒙古自治区文物考古所赴蒙古国支持考古发掘、陕西省文物局赴蒙古国支持博格达汗宫保护维修、四川省和陕西省考古研究院赴越南支持考古发掘等。

（三）孔子学院和汉语志愿者

孔子学院是中国教育走向世界的一大品牌，是中国与发展中国家开展教育交流合作、互学互鉴的重要载体。据统计，目前全球已有154个国家（地区）建立了548所孔子学院和1193个中小学孔子课堂，2018年各个国家和地区的面授学员总数达186万人，举办的各类文化活动受众达1300万人，其中超过一半的孔子学院受益者在广大发展中国家。尤其是近年来新开设的孔子学院，大量集中在亚非拉欠发达国家和地区。

通过孔子学院开展汉语培训，涉及旅游、公共管理、经贸、警务、外交等专业领域，例如尼泊尔旅游人才汉语培训班、泰国国家立法议会议员汉语培训班、厄瓜多尔外交部官员中文班、巴厘岛海关官员专项汉语强化班、莱索托政府公务人员汉语班、坦桑尼亚警察总署汉语培训班等。此外，为了积极推广汉语，提高世界汉语教学水平，促进汉语和中国文化在国外的传播，加深中国与世界各国的相互了解，增进世界各国人民间的友谊和交流，中国政府还利用无偿援助支持了汉语教师志愿者项目。

第二节
文化教育援助领域的新趋势

一、文化教育领域国际发展援助的新趋势

教育是国际社会公认的一项人类发展最基本的权利。世界各国的教育事业在千年发展目标指引下，取得了很大进步，但仍有数百万儿童无法享有平等的受教育机会。发展援助界普遍认为，教育问题已成为许多发展中国家难以摆脱"贫困陷阱"的根源性问题。研究证明，教育领域投入的持续增加有利于减少贫困、促进经济增长、增加国民收入，还可以促进医疗卫生、性别平等、冲突治理与和平发展。总之，教育投入是关乎一个国家前途命运的最重要的投入。

国际发展援助积极推动发展中国家实现 2030 年可持续发展目标第四项"实现包容和公平的优质教育，并为所有人提供终身学习的机会"。据统计，低收入和中低收入国家给每个儿童提供学前至中学（共 13 年）的完整教育，每天的人均投入是 1.25 美元。这笔费用中绝大部分（88%）目前是由本国政府负担的。因此，一些国际机构、非政府组织呼吁，国际社会应该通过援助，填补剩余 12% 的资金空缺——每个儿童每天仅仅

15 美分。

　　国际社会还特别关注脆弱和边缘化群体，尤其是生活在受冲突影响地区和国家的儿童、残疾儿童和女童。由于师资、学习材料、基础设施等严重不足，他们是首当其冲被影响的群体。其中，女童教育尤其重要。研究表明受过教育的女性往往身体健康情况更佳，生育质量更高，也能获得更高收入为自己和孩子提供更好的保障，教育产生的福利也会世代相传并传播到整个社区。

二、西方发达国家教育领域对外援助的总体情况及趋势

　　教育一直是西方发达国家对外援助非常重视的领域。2010 年，DAC国家在教育领域援助达到 2002 年以来的最高水平，但之后开始下降。虽然在 2014 年逐步恢复到了 133.6 亿美元，但教育领域对外援助占总体ODA 的比重没有超过峰值时期。由于其他领域的发展援助在增长，教育领域发展援助在 2016 年仅占 ODA 总额的 6.43%，远低于实现 2030 年可持续发展目标第四项所需要的资金规模。

表 11-1：DAC 成员国及多边机构教育援助额及占 ODA 比重

（2012—2016 年，承诺援助额）

单位：百万美元

年份	2012	2013	2014	2015	2016
援助总额	173391.74	180104.13	174961.64	184797.81	182630.52
教育领域总额	12794.85	11965.86	13359.96	11923.68	11738.69
占比	7.38%	6.64%	7.64%	6.45%	6.43%

资料来源：OECD 数据统计

从教育援助的类型看，OECD 将其细分为 4 大类，包括广义的教育发展领域、基础教育、中等教育和高等教育。从各细分领域的占比看，高等教育一直以来是其中占比最高的一类，2016 年占比高达 34.89%，实现连续 5 年占比超过 30%。

表 11-2：OECD 教育援助各领域资金分布及占比
（2016 年，承诺援助额）

单位：百万美元

领域	援助方	援助额		占比
教育领域（总）	DAC 国家	8628.21	11738.69	100.00%
	多边机构	3110.48		
广义的教育发展领域	DAC 国家	1441.53	2570.30	21.90%
	多边机构	1128.77		
基础教育	DAC 国家	2674.89	3374.53	28.75%
	多边机构	699.64		
中等教育	DAC 国家	1209.37	1698.19	14.47%
	多边机构	488.82		
高等教育	DAC 国家	3302.42	4095.68	34.89%
	多边机构	793.26		

资料来源：OECD 数据统计

从援助国来看，德国、法国和美国 2012—2016 年教育援助资金规模位居前列，平均每年在该领域的援助额分别为 21 亿美元、14 亿美元和 11.7 亿美元（见表 11-3）。英国、日本、澳大利亚、挪威、加拿大、韩国和奥地利紧随其后。排在第一位的德国 5 年来在教育领域的官方发展援助投入超过 100 亿美元，这主要是由于 2014 年欧洲难民危机爆发后，德国政府用于难民救助的开支激增，而 DAC 援助数据统计规则允许援助国在难民抵达后的第一年将相关费用归类为官方发展援助。

表 11-3：OECD 教育援助金额（总计）前 10 位国家
（2012—2016 年，承诺援助额）

单位：百万美元

	2012 年	2013 年	2014 年	2015 年	2016 年	合计
德国	1998.73	1881.55	2138.28	2030.40	2096.74	10145.70
法国	1429.26	1439.49	1518.78	1175.23	1441.36	7004.12
美国	926.46	918.24	1240.30	1261.77	1505.71	5852.48
英国	1001.81	753.02	623.80	600.26	872.50	3851.39
日本	787.88	556.82	790.21	530.66	510.31	3175.88
澳大利亚	563.19	416.30	529.01	333.47	217.24	2059.21
挪威	236.49	373.47	393.71	458.69	318.00	1780.36
加拿大	257.57	271.20	409.38	292.19	194.90	1425.24
韩国	127.53	337.05	228.75	260.29	366.69	1320.31
奥地利	182.85	152.92	168.42	136.91	145.23	786.33

资料来源：OECD 数据统计

第三节
中国方案展望

教育文化是促进人类生存发展、文明进步的重要内容，关系到国家、民族的复兴繁荣，家庭、个人的未来前景。中国深刻认识到支持教育进步、促进文化交流是与发展中国家共同应对发展问题、促进民心相通的重要途径。中国将进一步加大对发展中国家教育文化领域的支持力度，帮助各国改善教育文化基础环境，分享中国普及基础教育、开展职业教育、提升教育水平以及开展文化活动、保护历史文化传统的经验。

一、教育领域援助的中国方案

通过建设学校帮助发展中国家改善教育基础条件是一直以来中国教育援助的重点，也是基于自身优势的选择，今后一段时间应继续开展。与此同时，可更多参考借鉴国际经验，坚持"投资于人、援助于人、惠及于人"的原则，更多关注教育援助直接作用于发展中国家的普通民众。从教育细分领域看，应平衡基础教育、职业教育和高等教育的支持力度。从教育对象看，应突出加强对女童、难民、残疾人等脆弱群体的教育投入。

就具体方案而言，首先，中国已设立专门的"丝绸之路"中国政府奖学金，为"一带一路"沿线国家的青年提供更优质的来华留学教育资源。其次，中国将统筹利用国家和民间资源，加快对外教育培训中心和教育援外基地建设，为"一带一路"国家培养教育管理人员、教师、学者和各级各类技术技能人才。第三，遴选一批具备一定学科专业、国际交流和人才培养、国别研究基础的高校，建设一批援外教育培养基地。第四，支持发展中国家和地区高校的专家学者，来华开展经济、文化、法律等领域讲学交流活动，开展"一带一路"国别教育、语言文字、经济、法律、文化、政策等决策咨询研究。第五，积极开展优质教学仪器设备、整体教学方案、配套师资培训一体化综合教育援助项目。第六，以支持职业教育、促进工业化发展为主题，结合亚非地区重点国家实际需要，设计实施不同主题的职业教育培训计划，如针对建筑施工、器械维修、服装制造等行业为发展中国家培训培养产业工人。

二、文化体育领域援助的中国方案

文化体育领域援助是促进中国与发展中国家"民心相通"、深化文明交流互鉴的直接途径。中国在文化体育领域的援助应采取更加灵活丰富、符合时代潮流的形式，注意弱化政府色彩，更多借重民间文化团体的渠道和影响力开展交流活动。

就具体方案而言，首先，对中国已援建的文化类公共设施，例如体育场馆、文化活动中心、剧场剧院、博物馆等进行梳理考察，选择有条件、有意愿的国家，深入了解双方文化交流的基础和潜力，依托中国援建设施，设计开展系列主题文化交流活动。其次，重点支持海外中国文化中心及配套设施建设。根据《海外中国文化中心发展规划（2012—2020年）》，优先在缅甸、马来西亚、印度尼西亚、越南、匈牙利、罗马尼亚、保加利亚、哈萨克斯坦、白俄罗斯、塞尔维亚、拉脱维亚、土库曼斯坦等发展中国家设立中国文化中心，以技术援助形式支持开展相关文化交流活动。其中应特别关注通过搭建平台，展示其他发展中国家的卓越文明成就，深化相互理解。第三，通过支持上海合作组织成员国文化部长会议、中国—中东欧国家文化部长会议、中阿文化部长论坛、中国与东盟"10＋1"文化部长会议等高级别多边文化交流合作平台，为高层次文化交流和文化促进政策的互学互鉴创造机会。第四，支持发展中国家的文化团体在戏剧、音乐、舞蹈、美术等领域与国内团体开展联合创作，围绕演艺、电影、电视、广播、音乐、动漫、游戏、游艺、数字文化、创意设计、文化科技装备、艺术品及授权产品等领域，发挥对外援助带动文化产业国际合作的作用。第五，加大支持发展中国家文化遗产保护，促进与各国在考古研究、文物修复、文物展览、人员培训、博物馆交流、世界遗产申报与管理等方面的合作。第五，依托孔子学院和汉语志愿者项目，鼓励更多教师与青年学生到发展中国家参与项目建设和提供汉语教学志愿者服务，关注海外华人团体文化诉求。与此同时，大力发展非汉语教学领域的志愿者队伍建设。第六，鼓励地方和社会力量参与文化遗产领域的援外项目设计和实施，促进地方文化、民间文化层面与发展中国家的互动交流。

参考文献

一、中文文献：

[1] 石林 . 当代中国的对外经济合作 [M]. 中国社会科学出版社 , 1989.

[2] 徐小红 . 中国对外经济援助：历程、特色与反思 [J]. 国际援助 , 2014(1).

[3] 国务院新闻办公室 . 中国的对外援助 [M]. 人民出版社 , 2011.

[4] 商务部援外司 . 积极开展对外援助 推动构建人类命运共同体——党的十八大以来商务部援外工作成就综述 [Z]. 2017-10.

[5] 王毅 . 携手打造人类命运共同体 [N]. 人民日报 . 2016-05-31(007).

[6] 王毅 . 坚持正确义利观 积极发挥负责任大国作用 [N]. 人民日报 . 2013-09-10.

[7] 王寅 . 人类命运共同体：内涵与构建原则 [J]. 国际问题研究 , 2017(5):22-32.

[8] 联合国 . 2017 全球人道主义状况概览——6 月报告 [R]. 2017-06-21.

[9] 联合国 . 2017 全球人道主义概况报告 [R]. 2016-12-05.

[10] 刘宏松，钱力 . 非政府组织在国际组织中影响力的决定性因素 [J]. 世界经济与政治 , 2014(6):45-68.

[11] 联合国 . 可持续发展筹资和 2015 年后发展议程方面的一致性、协调与合作 [R]. E/2015/52

[12] 隆国强 . 扎实推进 "一带一路" 合作 [J]. 国家行政学院学报 , 2016(1):19-22.

[13] 孙伊然 . 全球发展治理：中国与联合国合作的新态势 [J]. 现代国际关系 , 2017(9).

[14] 国务院新闻办公室会同中央文献研究室、中国外文局 . 习近平谈治国理政 [M]. 外文出版社 , 2014.

[15] 国务院新闻办公室会同中央文献研究室、中国外文局 . 习近平谈治国理政 (第二卷)[M]. 外文出版社 , 2017.

[16] 国务院新闻办公室 . 中国的对外援助（2014）（白皮书）[M]. 人民出版社 ,

2014.

[17] 张严冰，黄莺．中国和西方在对外援助理念上的差异性辨析 [J]. 现代国际关系，2012(2):44-50.

[18] 陈志敏．国家治理、全球治理与世界秩序建构 [J]. 中国社会科学，2016(6):14-21.

[19] 张永良．共赢共享的中国方案：坚持推动构建人类命运共同体 [N]. 求是网，2017-11-22.

[20] 联合国粮农组织．全球粮食危机报告 2018[R]. 2018-03-22.

[21] 中国商务年鉴编委会．中国商务年鉴．2014[M]. 中国商务出版社，2014.

[22] 中国商务年鉴编委会．中国商务年鉴．2015[M]. 中国商务出版社，2015.

[23] 中国商务年鉴编委会．中国商务年鉴．2016[M]. 中国商务出版社，2016.

[24] 习近平．决胜全面建成小康社会 夺取新时代中国特色社会主义伟大胜利——在中国共产党第十九次全国代表大会上的报告．新华网，http://www.xinhuanet.com/2017-10/27/c_1121867529.htm, 2017-10-27.

二、英文文献：

[1] World Bank. From crisis to sustainable growth - sub Saharan Africa: a long-term perspective study. November,1989.

[2] Khan H. Good Governance and Human Development in Developing Countries, with Special Reference to South Asia[M]// Governance in South, Southeast, and East Asia. Springer International Publishing, 2015:117-135.

[3] Mustafa YAGCI，A Beijing Consensus in the Making: e Rise of Chinese Initiatives in the International Political Economy and Implications for Developing Countries，Perception, Summer 2016, Volume XXI, no.2.

[4] Marcoux C, Parks B C, Peratsakis C M, et al. Environmental and climate finance in a new world: How past environmental aid allocation impacts future climate aid[J]. Wider Working Paper, 2013, 34(3):169–181.

[5] World Economic Forum (WEF). The Global Risks Report 2018, 13th Edition, 2018, Geneva, http://wef.ch/risks2018.

[6] Centre for Research on the Epidemiology of Disasters. Humanitarian Funding Updates, December 2016.

[7] Internal Displacement Monitoring Centre (IDMC), Global Report on Internal Displacement 2018, May 2018, http://www.internal-displacement.org/sites/default/files/publications/documents/2018-GRID.pdf.

[8] Food Security Information Network (FSIN), Global Report on Food Crisis 2018, March 2018.

[9] United Nations Office for the Coordination of Humanitarian Affairs (OCHA), Global Humanitarian Overview 2018, 27 November 2017, https://www.unocha.org/sites/unocha/files/GHO2018.PDF.

[10] Global Humanitarian Overview 2018, the United Nations Office for the Coordination of Humanitarian Affairs (OCHA), 27 November 2017, https://www.unocha.org/sites/unocha/files/GHO2018.PDF.

[11] UN Office for the Coordination of Humanitarian Affairs (UNOCHA), World Humanitarian Data and Trends 2017, 13 Dec 2017.

[12] Time to Let Go: Remaking humanitarian action for the modern era, Humanitarian Policy Group, Overseas Development Institute, April 2016.